25.-

Gelterkinden

Gassen, Häuser, Hinterhöfe

Zeichnungen

Jacques Mader

Texte

Erich Buser

Fotos

Archiv der Ortssammlung Gelterkinden

Inhaltsverzeichnis

© 2001 Jacques Mader

Gestaltung
Rolf Doebelin

Lithos + Druck (in FM - Rasterung)
Neue Schwitter AG, Allschwil

Papier: Antalis AG Black Label, halbmatt 170 gm²

Einband
Ceccarelli / Schumacher AG

Titelbild
Blick vom «Baumgärtli» auf das Dorf

Auflage 2001 Exemplare

ISBN - 3-9522191-0-X

Vorwort	3
Der Zeichner	4
Der Texter / Die Ortssammlung	5
Panorama	6/7
Dorfplatz mit Kirchrain	8/9
Dorfplatz / Hinterhöfe	10/11
Dorfplatz mit Ochsengasse	12/13
Dorfplatz mit Brunngasse	14/15
Dorfplatz mit Schulgasse	16/17
Bonigasse	18/19
Marktgasse	20/21
Tecknauerstrasse	22/23
Rünenbergerbrücke	24/25
Hinterer Kirchrain	26/27
Jundt-Haus	28/29
Strelgasse I	30/31
Strelgasse II	32/33
Strelgasse III	34/35
Strelgasse IV	36/37
Marienkirche	38/39
Eibach mit Sirachesteg	40/41
Eibach mit ehemaligen Gerbereibauten	42/43
Eibach mit Rössligasse-Hinterhöfen	44/45
Ehemalige Bandfabrik «Seiler»	46/47
Ergolzstrasse	48/49
Mühlegasse I	50/51
Mühlegasse II	52/53
Zehntenwegli	54/55

Vorwort

Jacques Mader hat eine Auswahl seiner Zeichnungen von Gelterkinder Dorfpartien, von Strassen und Gassen sowie von versteckten Winkeln und Ecken unseres Dorfes für dieses Buch zusammengestellt.
Aus dem Foto-Archiv der Stiftung Ortssammlung Gelterkinden sind den Zeichnungen Fotografien mit gleichem oder gleichartigem Sujet gegenübergestellt. Ähnlich wie in dem vom Gemeinderat Gelterkinden 1994 herausgegebenen und den Jungbürgern überreichten Band «Dorfbilder von Gelterkinden» habe ich versucht, zu Zeichnung und Fotografie einen erläuternden Text zu verfassen.

Erich Buser

Gelterkinden, im November 2000

Jacques Mader

Jacques Mader wurde am 22. Februar 1949 in Liestal geboren.

Köbi, wie Jacques in der Familie genannt wurde, wuchs zusammen mit drei jüngeren Schwestern in Gelterkinden auf, und als Mader-Köbi kennen ihn auch seine ehemaligen Schulkameradinnen und -kameraden. Gerne erinnern sie sich noch daran, wie er in der Schule, aber auch schon im Kindergarten, Porträts und Comicfiguren zeichnete.

Nach dem Besuch der Kunstgewerbeschule Basel absolvierte Jacques Mader eine Lehre als Tiefdruckretuscheur. Im Jahr 1972 erfolgte seine Heirat mit Erika Sutter. Seit 1980 wohnen die Maders in Zeglingen.

Jacques Mader ist ein Multitalent: Er ist ein Fachmann in seinem Beruf. Dann aber ist er – und als solcher seit langem weiterum bekannt und geschätzt – ein talentierter Zeichner. Seine bevorzugten Sujets sind Dorfpartien, Häuser, verträumte Winkel sowie romantische Hinterhöfe und Tiere (bekannt – fast sein Markenzeichen – sind sein «Büsi» und seine Turmfalken). Seine Freunde kennen und schätzen ihn aber auch als Karikaturist. Aus den Ferien von Italien, Griechenland oder sonstwo bringt er nicht nur Fotos mit nach Hause, sondern immer auch Zeichnungen. Mit einem Teil seiner das Jahr hindurch entstandenen Zeichnungen erscheint seit einigen Jahren jeweils ein Kunstkalender.

Jacques Mader spielt auch gerne Theater. Sein Idol ist Charlie Chaplin. Dann ist er ein begeisterter und eifriger Bassgeiger. Dieses Hobby übt er in den verschiedensten Musikformationen aus. Durch Auftritte im Radio und im Fernsehen, vor allem mit der «Sissacher Holzmusig» entstand eine tiefe Freundschaft mit dem legendären Wysel Gyr und dessen Lebenspartnerin. Eine weitere Fähigkeit wäre noch zu erwähnen: Naturbeobachtungen und naturkundliche Exkursionen. *(EB)*

Erich Buser

Geboren 1930. Bürger väterlicherseits von Hemmiken, mütterlicherseits von Gelterkinden. Aufgewachsen in Ormalingen.

Seit 1954 wohnhaft in Gelterkinden. Vater von vier Kindern und Grossvater von zwölf Enkelkindern.

Lehre als kaufmännischer Angestellter in Gelterkinden. Nach Anstellungen bei einem Treuhänder und auf einer Privatbank wird er Mitarbeiter auf der Gemeindeverwaltung in Gelterkinden. Von 1960 bis 1990 amtet er als Gelterkinder Gemeindeverwalter.

1990 übernimmt er das Präsidium der Stiftung Ortssammlung Gelterkinden. Seither publiziert er auch zu Themen der Gelterkinder Vergangenheit in den Lokalzeitungen.

Ortssammlung Gelterkinden

Die seit 1974 bestehende Stiftung bezweckt, «in Gelterkinden eine Ortssammlung historischer Werte zu bilden und zu erhalten sowie sich zu bemühen, das Ortsbewusstsein zu fördern». Inzwischen besteht eine Sammlung von weit über tausend Objekten und einem umfangreichen ortsgeschichtlichen Archiv. Dieses enthält nebst unzähligen Dokumenten einige hundert Bilder und Fotos. Alle in diesem Band verwendeten alten Fotos stammen aus diesem Archiv.

Panorama von Gelterkinden

Viele Zeichnungen von Jacques Mader hätten als Umschlagsbild für dieses Dorfbilder-Buch verwendet werden können. Mit kaum einem anderen als mit dem von ihm mit «Panorama» betitelten Sujet aber könnte der gewählte Buchtitel «Gelterkinden» besser illustriert werden.

Vom «Baumgärtli» aus, von wo Jacques Mader den alten Dorfkern 1992 zeichnete, vermittelt die «Dachlandschaft» des Dorfkerns einen Eindruck davon, dass hier noch eine architektonische und städtebauliche Einheit vorhanden ist.

Im Hintergrund der Schwäjenhügel, der Gelterkinder «Berg», und (davor) das Hofgut Sigmatt.

Diese Postkarte ist mindestens achtzig Jahre vor der Zeichnung von Jacques Mader entstanden; also zu einer Zeit, als noch keine Bahnlinie mit Einschnitten, Dämmen und einem Viadukt das Dorf in zwei Teile trennte. Sie zeigt, ebenfalls vom «Baumgärtli» aus gesehen, ungefähr die linke Hälfte des auf der Zeichnung sichtbaren Dorfteils. Im Vordergrund das «Brackenwegli», ein ehemaliger Fussweg auf den Farnsberg und zur Farnsburg.

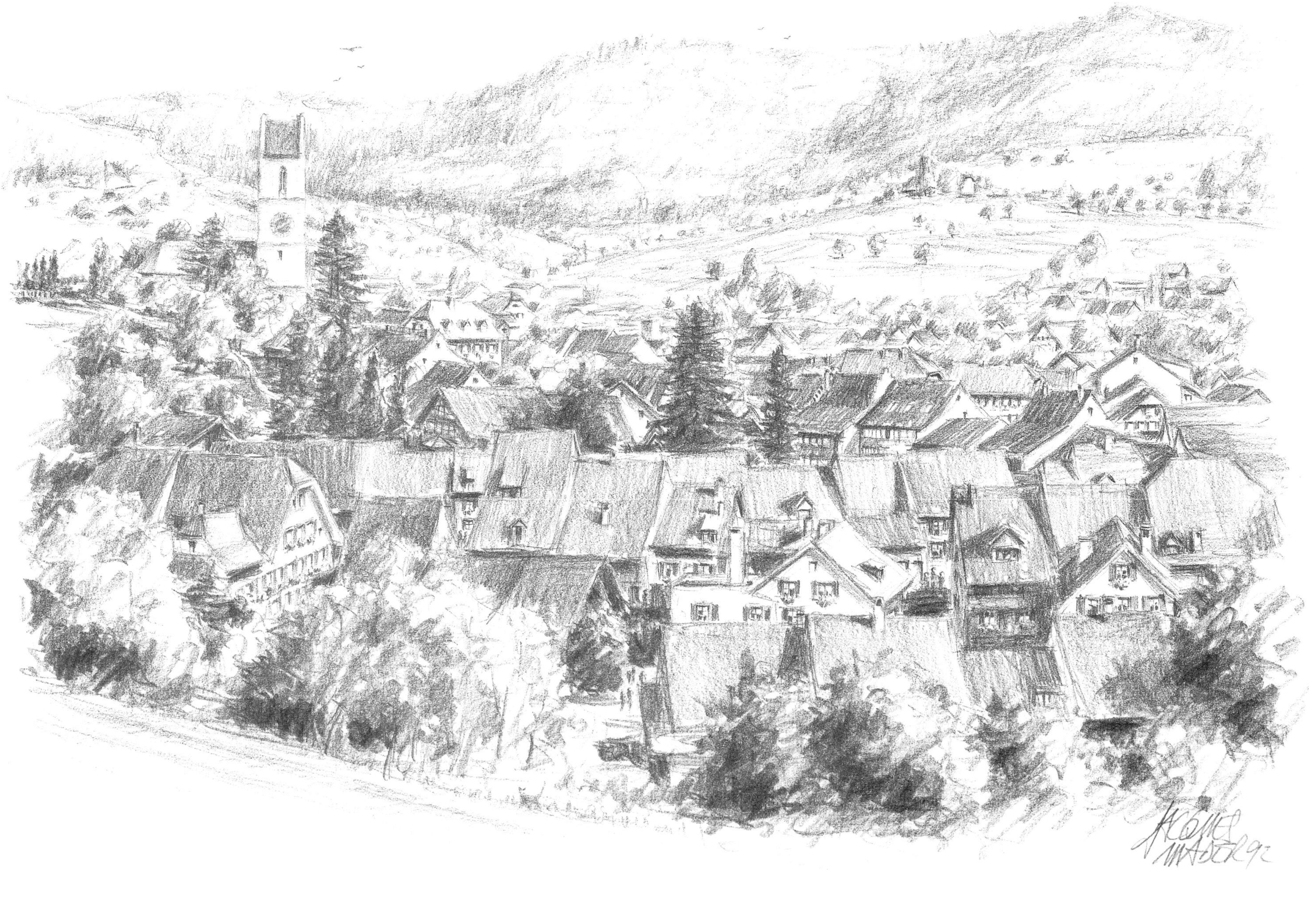

Dorfplatz mit Kirchrain

Wievielmal ist «einer der schönsten Dorfplätze des Baselbiets» bereits von Künstlern, von Laien, von Berufs- und Hobby-Fotografen gemalt oder gezeichnet und auch fotografiert worden? Auch Jacques Mader hat dieses Sujet einige Male zu einer Zeichnung angeregt.

Dorfplatz und Kirchrain bilden zusammen mit der Kirche die markanteste Partie des Dorfes. Gelterkinden besitzt deshalb wohl nicht zu Unrecht eines der bedeutendsten Ortsbilder des Kantons.

Auf dem Dorfplatz laufen sechs Strassen zusammen. In der Mitte des Platzes steht der achteckige Dorfbrunnen. Wie der Platz früher einmal ausgesehen haben mag, illustriert eindrücklich das Tafelbild unseres Gelterkinder Kunstmalers Fritz Pümpin (1901–1972), das sich im Saal des Bürgerhauses befindet.

Reproduktion des Tafelbildes von Fritz Pümpin im Bürgersaal

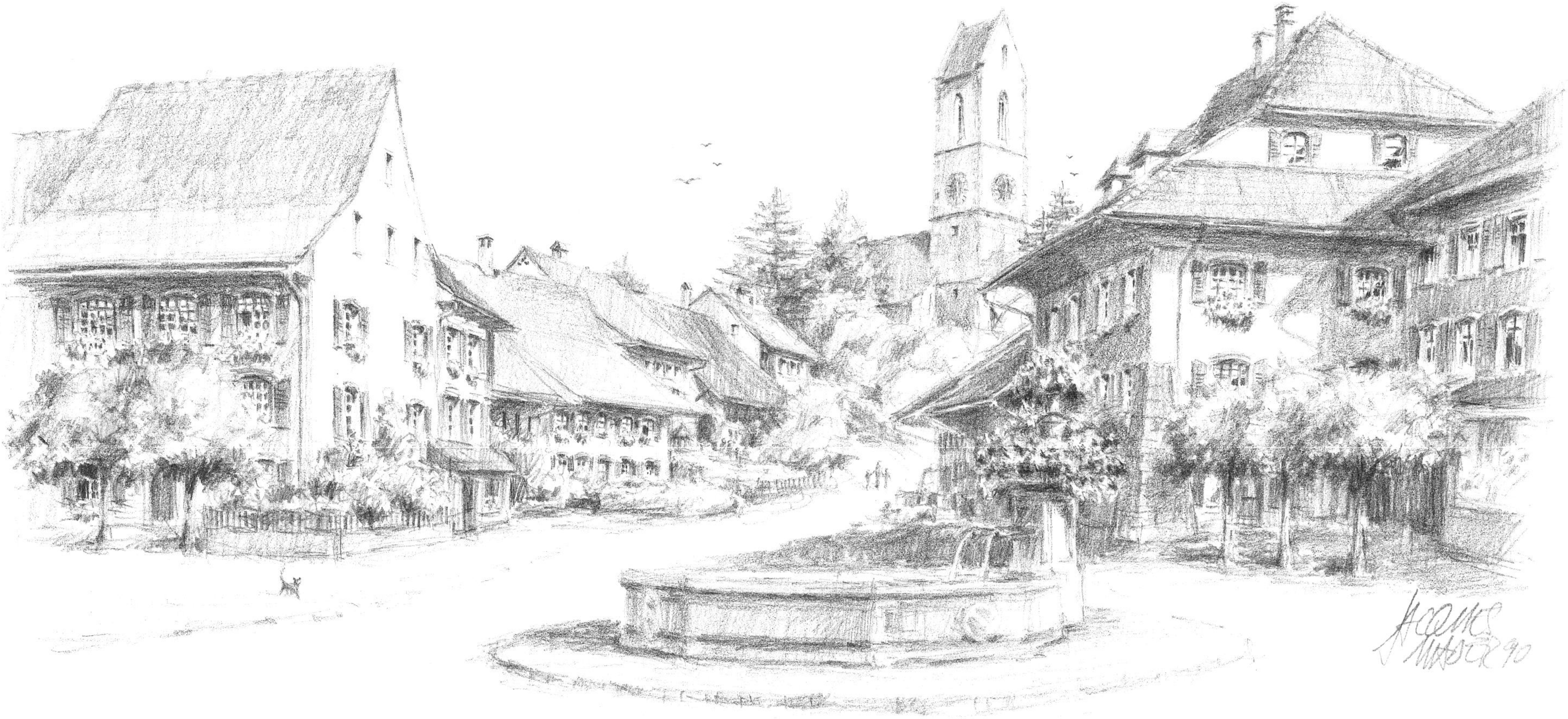

Dorfplatz / Hinterhöfe

Der Blick in einen Hinterhof ist immer faszinierend. Wohl deshalb gehören Hinterhöfe zu den Lieblingssujets von Jacques Mader. Auch in der nachgelassenen Fotosammlung des Gelterkinder Fotografen Paul Wolleb-Gysin lässt sich fast immer ein Hinterhof-Sujet finden.

Im konkreten Fall: Der Standort des Zeichners und des Fotografen ist fast identisch; nur wollte Paul Wolleb offenbar noch den Kirchturm mit auf dem Bild haben.

Foto Paul Wolleb von ca. 1950

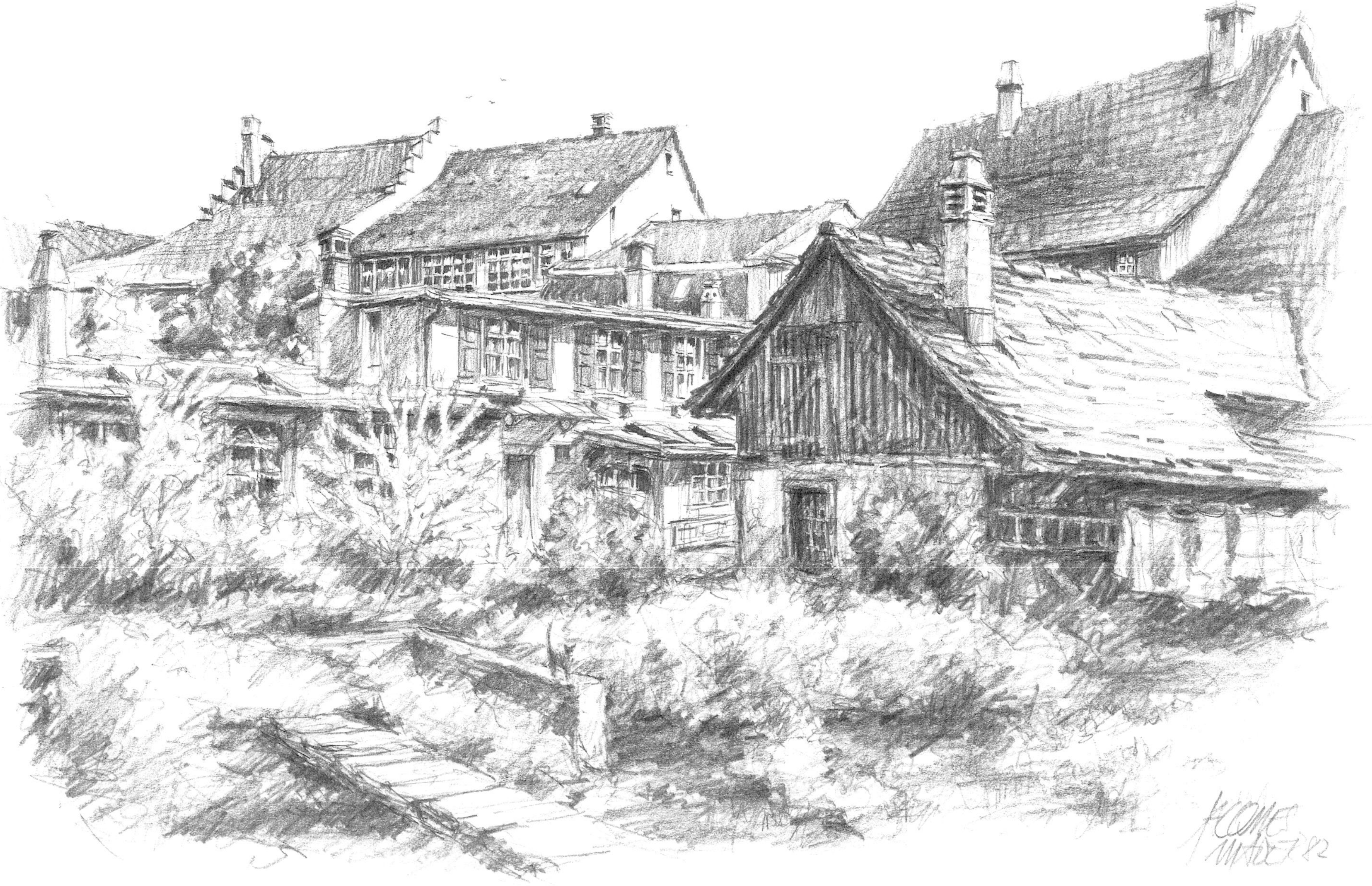

Dorfplatz mit Ochsengasse

Der «Ochsen» (in der Bildmitte, unten), nach dem diese Gasse ihren Namen erhielt, ist einer der ältesten Gasthöfe des Ortes. Bis Ende des 18. Jahrhunderts hiess der Ochsen «die Obere Wirtschaft».

Die Ochsenwirte hiessen über Generationen Pümpin; später Freivogel. Der Gasthof zum Ochsen war zur Zeit vor der Kantonstrennung neben den drei Solbädern, die es in Gelterkinden gab – Kienberg (heute Sonnenhof), Sigmatt und Rössli –, ein beliebtes Ausflugsziel der besseren Basler Herrschaften. Anfang des 20. Jahrhunderts war der Ochsensaal auch Kinosaal. Am Haus war gross angeschrieben «Lichtbild Theater».

Auch das «Restaurant Eintracht», wie an der Ostfassade des Hauses angeschrieben, war eine der örtlichen Gaststätten mit einer langen Tradition. Im Volksmund hiess sie zwar nicht «Eintracht», sondern «S Dänis Wirtschaft».

Dies, weil sie über einige Generationen von Daniels (Freivogel) geführt worden war.

Links im Vordergrund das Gebäude, in dem sich das erste Postbüro des Dorfes befand.

Ochsengasse um 1925 mit «Wirtschaft zur EINTRACHT von Daniel Freivogel» sowie mit dem «Ochsen», angeschrieben mit «LICHTBILD THEATER» und «RESTAURANT».

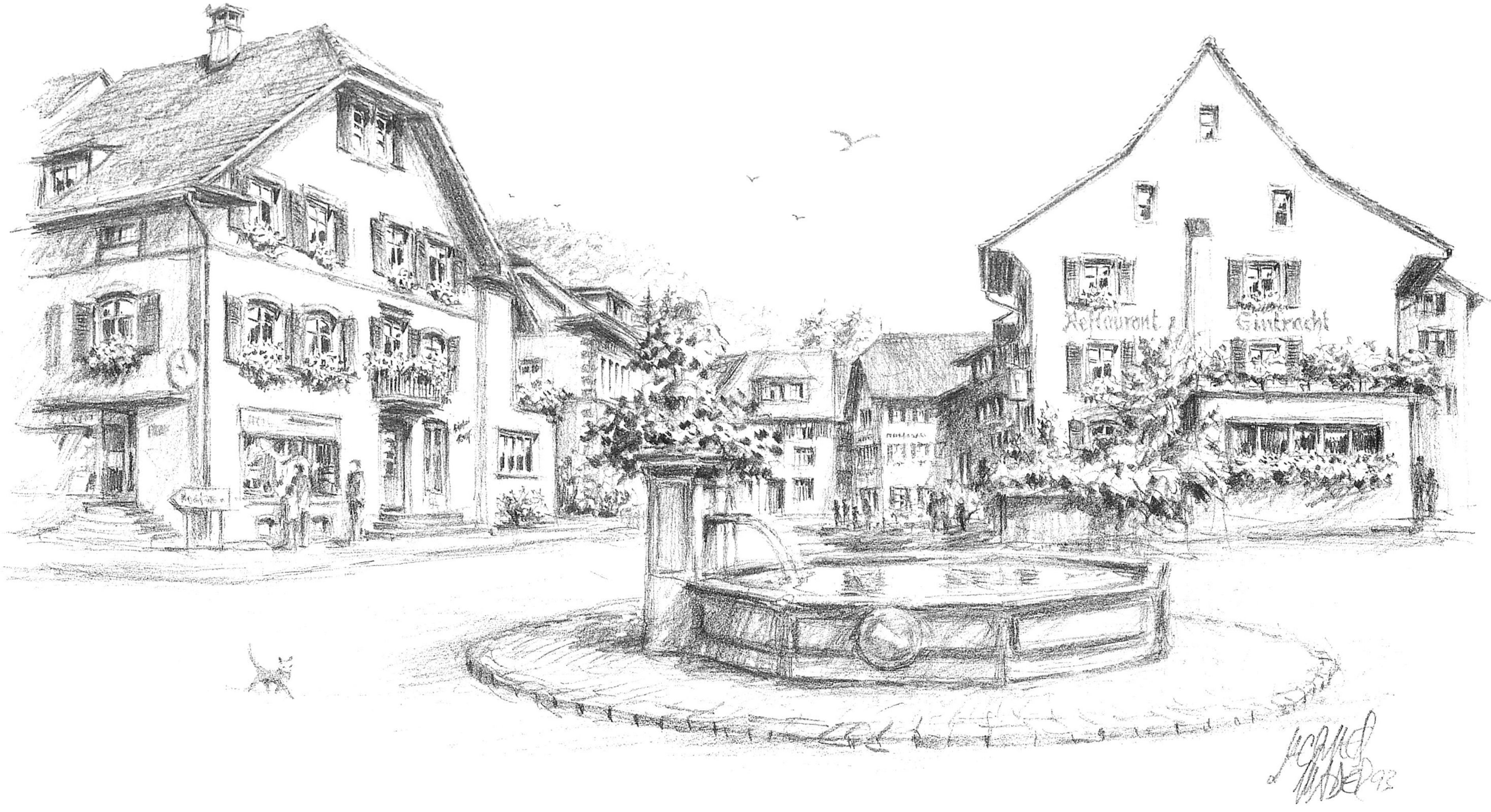
Restaurant Eintracht

Dorfplatz mit Brunngasse

Auf dem Dorfplatz fanden früher die Gemeindeversammlungen statt: Am Sonntag nach dem Besuch des Gottesdienstes!
Auf dem Dorfplatz werden Feste gefeiert (früher gastierte hier auch ab und zu eine Seiltänzergruppe) und auf dem Dorfplatz, und natürlich in der Marktgasse, werden seit dem Jahr 1802 auch Märkte abgehalten.

Jacques Mader hat das Treiben anlässlich des Herbstmarktes 1986 mit seinem Zeichenstift festgehalten. Sein Standort war, mit Blickrichtung Dorfplatz/Kirche, in der Brunngasse. So hiess der obere Teil der Rössligasse früher. Das Hauptgeschehen der Märkte hatte sich seit der Zeit, als das Schulhaus in der Schulgasse nicht mehr als solches benutzt wurde, von der Marktgasse in die Schulgasse verlagert.

Dieses Bild eines Marktes stammt vom Fotografen Paul Wolleb. Die Aufnahme dürfte etwas früher als die Zeichnung von Jacques Mader entstanden sein.

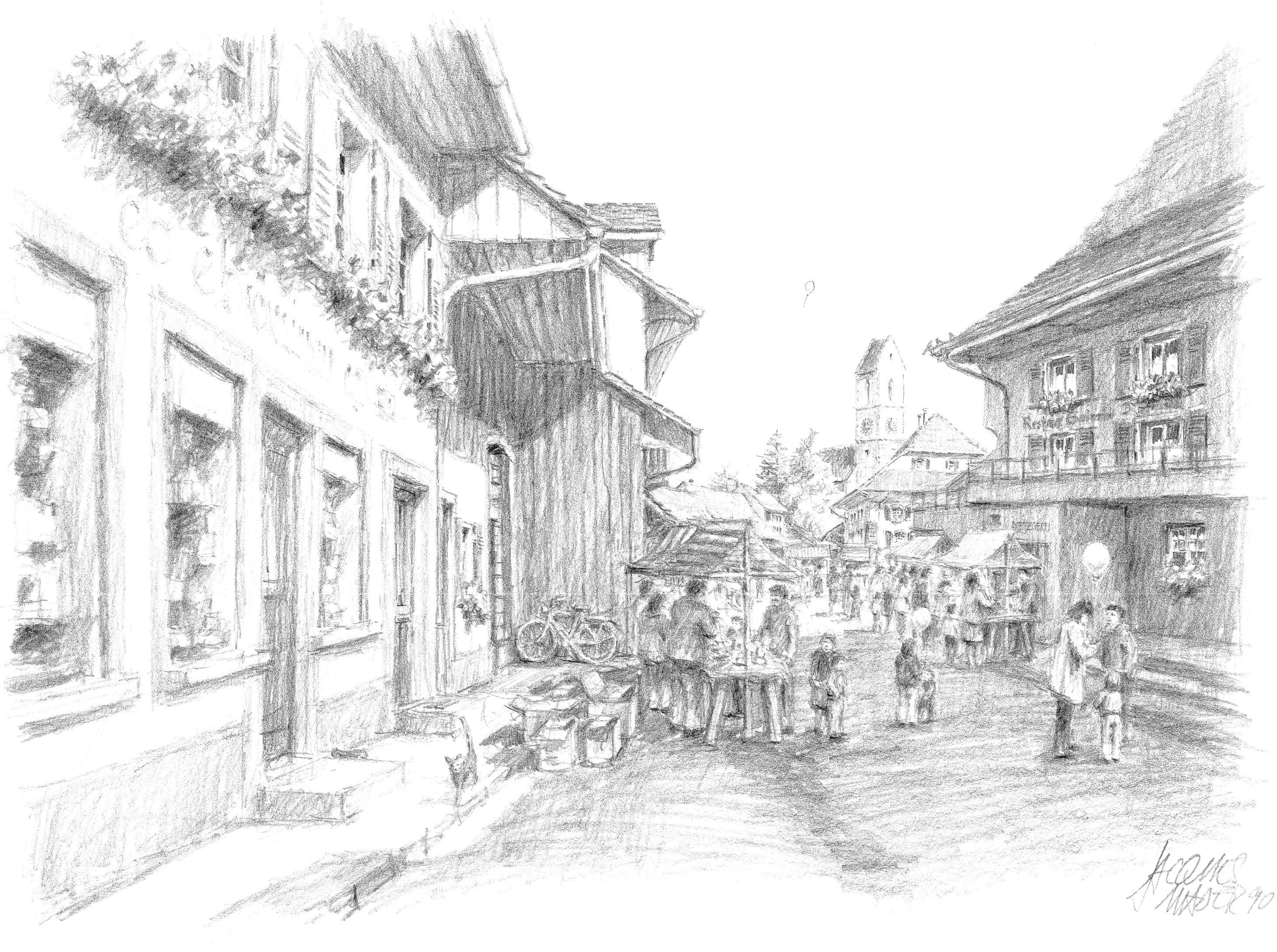

Dorfplatz mit Schulgasse

Ein Dorfplatzbild mit Blick gegen Norden: eine Rarität!

Auf der rechten Bildhälfte das Arzthaus, die Gebäude der ehemaligen Schreinerei Zehntner und dahinter das Restaurant «Traube». In der Bildmitte der ehemalige «Konsum» (Coop). Im Eckhaus links führte bis in die 1930er-Jahre die Familie Buser-Schwander eine Spezerei-Handlung.

Im Haus Schulgasse 2 ist eine wunderschöne Fenstersäule mit der Jahreszahl 1547 erhalten. Die Zierelemente der Säule werden von den Fachleuten als der deutschen Renaissance zugehörig bezeichnet.

Der 1810 in Solothurn gekaufte achteckige Brunnen mit dem zweiröhrigen Brunnstock ist mit der Jahreszahl 1814 versehen. Dies mag daher kommen, dass – wie in der Gemeinderechnung des Jahres 1814 vermerkt – der Brunnen «erst» vier Jahre nach Inbetriebnahme gänzlich bezahlt war. Der Brunnen kostete immerhin rund eintausendzweihundert Franken. Das Wasser, das aus den beiden Röhren des Dorfbrunnens fliesst, entspringt einer Quelle am östlichen Abhang des Bettenbergs.

Diese dürfte schon der römischen «Rohrbachsiedlung», die sich im Gebiet Leieren-Neuhof befunden hat, gedient haben. Bis 1858 bestand die Leitung aus (hölzernen) Teucheln.

Postkarte aus der Zeit um 1900. Das Sujet ist mit demjenigen von Jacques Mader praktisch identisch. Rechts, unterhalb der Beschriftung, sind die Höfe Untere und Obere Allersegg sichtbar.

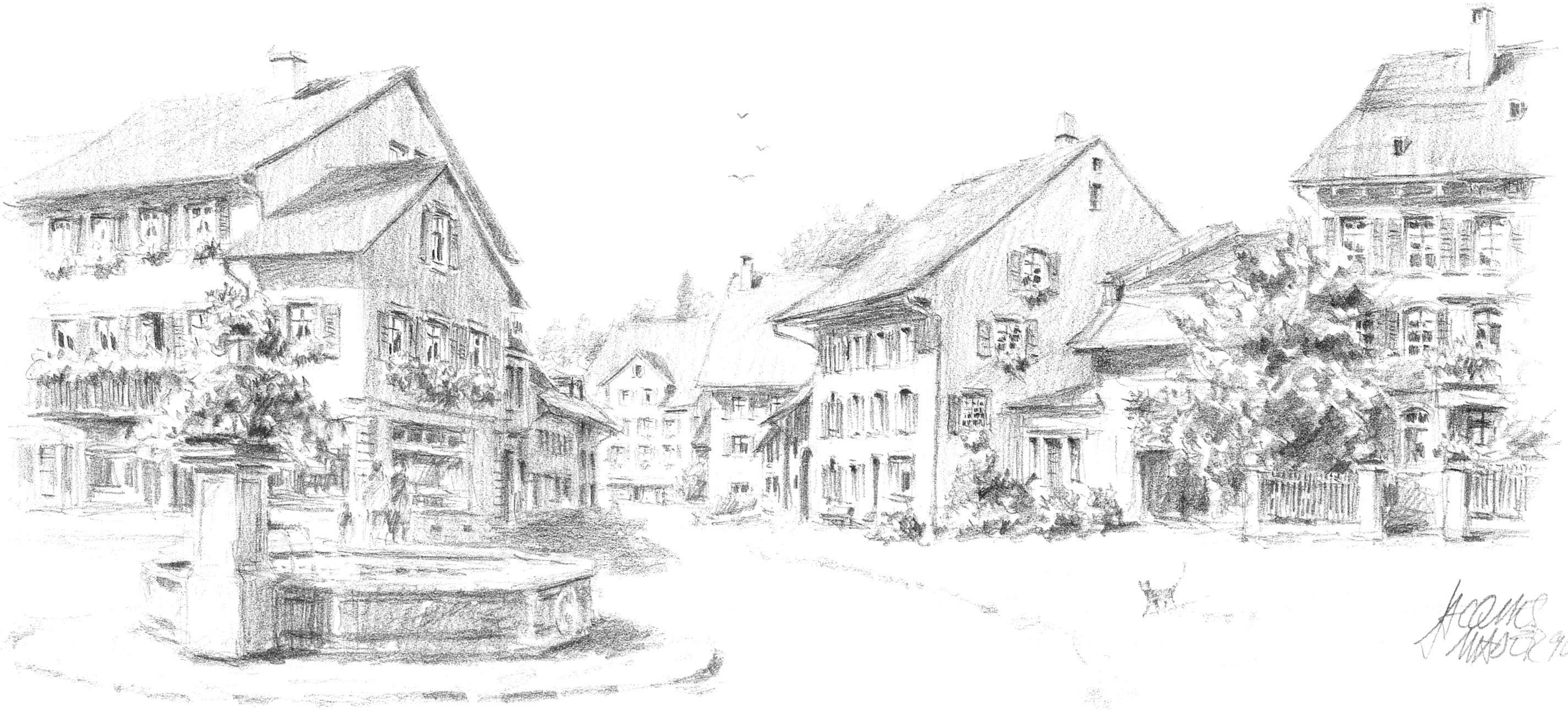

Bonigasse

Diese Gasse hat ihren Namen wohl von einem «Boni». Je eine Gelterkinder Gerster- und Meier-Familie führten den Dorfnamen «s Bonis».

Wo sich der «Chäsi»-Laden befindet und sich vorher die «Cheesi» (Milchsammelstelle und Laden der Milchgenossenschaft) befand, stand früher, hart an der Strasse, das Bauernhaus der Familie Buser-Völlmin. Gegenüber, im Haus Nr. 16, wohnte der legendäre Seilermeister Adam Gerster-Grauwiler (1852–1936), der «Seiler-Odem».

Das aber wohl «populärste» Geschäftshaus an der Bonigasse ist das «Bürgi-Beck-Haus» (Haus Nr. 20). Ab 1866 betrieben hier zwei Generationen der jüdischen, in Buckten eingebürgerten Familie Jung während rund vierzig Jahren ein «Warenhaus» mit Schneiderei. Ab 1902 war der östliche Teil des Erdgeschosses für einige Jahre an die aus Deutschland stammende Familie Mutschler vermietet. Sie führten darin eine Konditorei. Auf die Konditorei Mutschler folgte die Bäckerei Steiner, und anschliessend der «Bürgi-Beck». Der westliche Teil des Erdgeschosses des Hauses war ab 1906 das erste Verkaufslokal der in diesem Jahr gegründeten Gelterkinder Konsumgenossenschaft. Im gleichen Lokal wurde 1927 zum ersten Mal der «Farnsburger Bote» – der Vorgänger des «Gelterkinder Anzeigers» – gedruckt und hier befand sich anschliessend lange Jahre eine Telefonzentrale.

Auf der Fotografie von 1942 ist vor allem das damals noch bestehende Bauernhaus der Familien Degen-Keller (Degen-Bürgin) zu sehen. Am linken Rand: das «Seiler-Adam-Haus».

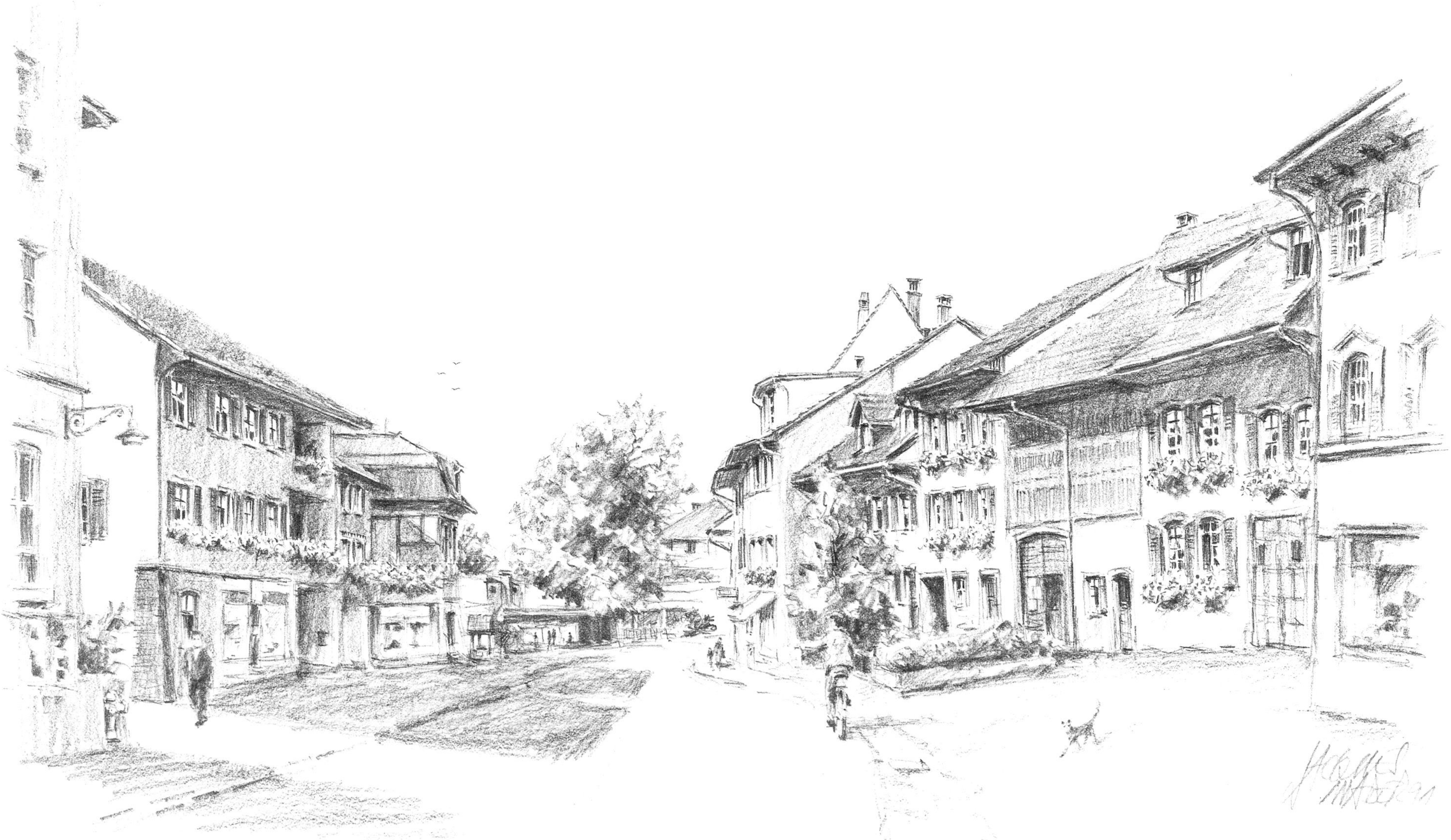

Marktgasse

Diese Dorfpartie ist – mindestens städtebaulich – keineswegs so heimelig, wie dies Jacques Mader, als er 1991 dieses Sujet für eine seiner Zeichnungen wählte, gesehen haben will. Hat er sich wohl vorgestellt, wie es hier aussehen könnte, wenn – wie dies auch schon zur Diskussion stand – der motorisierte Verkehr aus Richtung Tecknau und Rünenberg sowie aus dem Oberdorf auf eine Umfahrungsstrasse umgeleitet und der Dorfkern autofrei wäre? Wenn dem so sein sollte: Wohin hat er dann aber die Fussgänger und Velofahrer verbannt?

Der Blick vom Dorfplatz Richtung Süden zeigt bei der Verzweigung Tecknauerstrasse/Strelgasse das vor einigen Jahren sach- und fachkundig renovierte Geschäftshaus Tecknauerstrasse Nr. 2.

Auf der Postkarte mit dem «Gruss aus Gelterkinden» (vom 1.9.1902) ist die Häuserzeile auf der rechten Seite abgebildet. Sichtbar sind die Anschriften «DITISHEIM & Cie / MANUFACTURWAREN» sowie, am Brauereigebäude, «BRASSERIE».

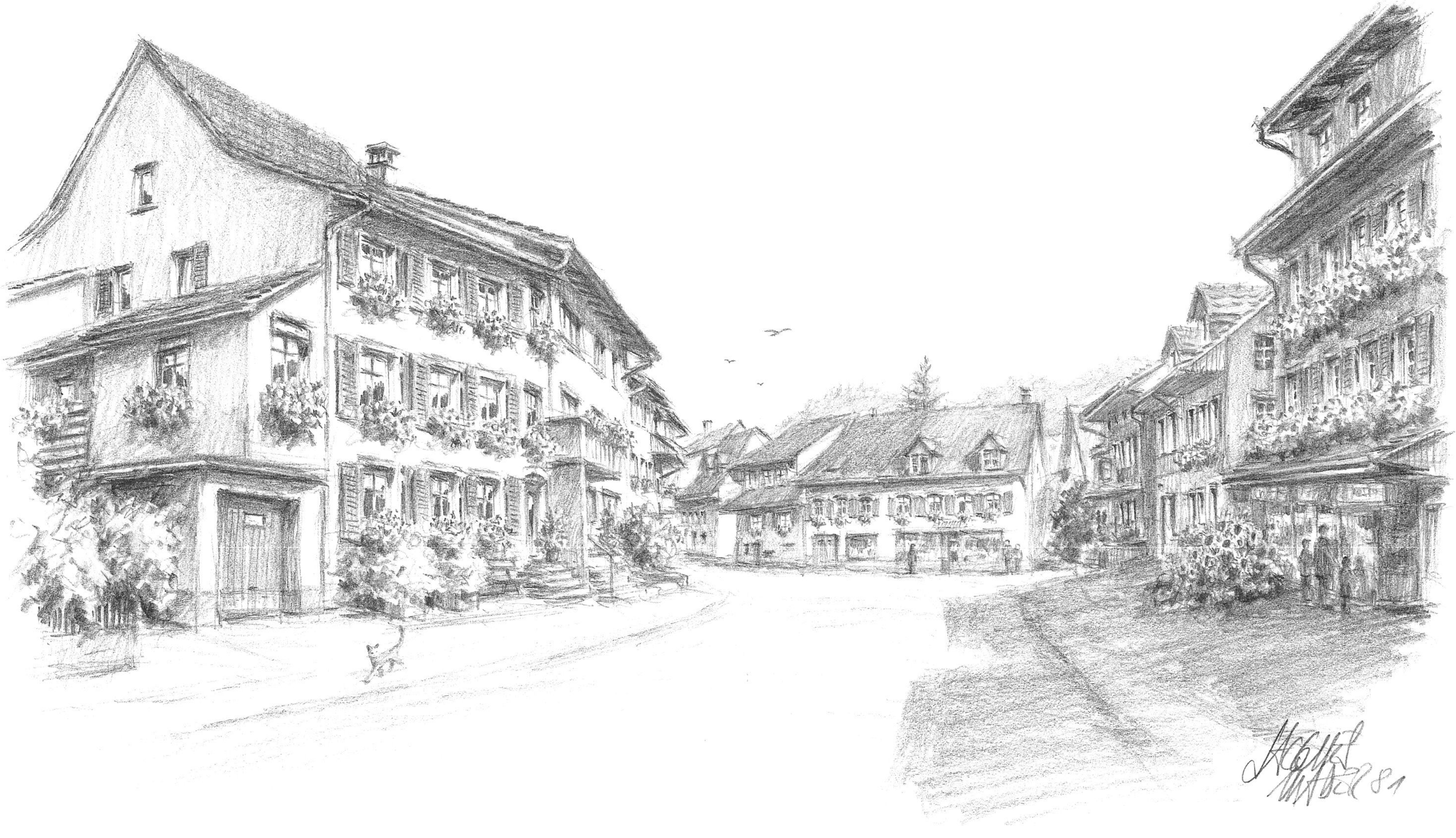

Tecknauerstrasse

Jacques Mader stellte sich in die kleine Allee unterhalb der Rünenbergerbrücke, um dieses Sujet zu Papier zu bringen. Hier, im unteren Teil der Tecknauerstrasse, haben während der vergangenen einhundert Jahre keine grossen Veränderungen stattgefunden.

Auf der Südseite der Strasse stehen zwei Häuser, die einer besonderen Erwähnung wert sind. Es sind dies die Liegenschaften Tecknauerstrasse Nr. 6 und Nr. 8: Im Haus Nr. 8 befand sich eines der recht zahlreichen Restaurants, die es zu Anfang des 20. Jahrhunderts gab, das Restaurant «Casino». Das Haus Nr. 6 wurde 1901 von Bernhard Handschin-Gysin (1831–1913) erbaut. Über dem Rundbogen des Tores steht heute noch BH und die Jahreszahl 1901. Bernhard Handschin führte einen Gemischtwarenladen. Im Obergeschoss war die «Ersparniskasse Gelterkinden» eingemietet. Nach deren Fusion mit der Basellandschaftlichen Kantonalbank im Jahre 1903 befand sich dort dann deren erste Gelterkinder Zweigstelle. (Die beiden Gebäude sind auf der Zeichnung nicht zu sehen.)

Postkarte «Gelterkinden – Oberdorf». Die Aufnahme stammt etwa aus dem Jahr 1910. Die Standorte des Zeichners und des Fotografen waren praktisch die gleichen.

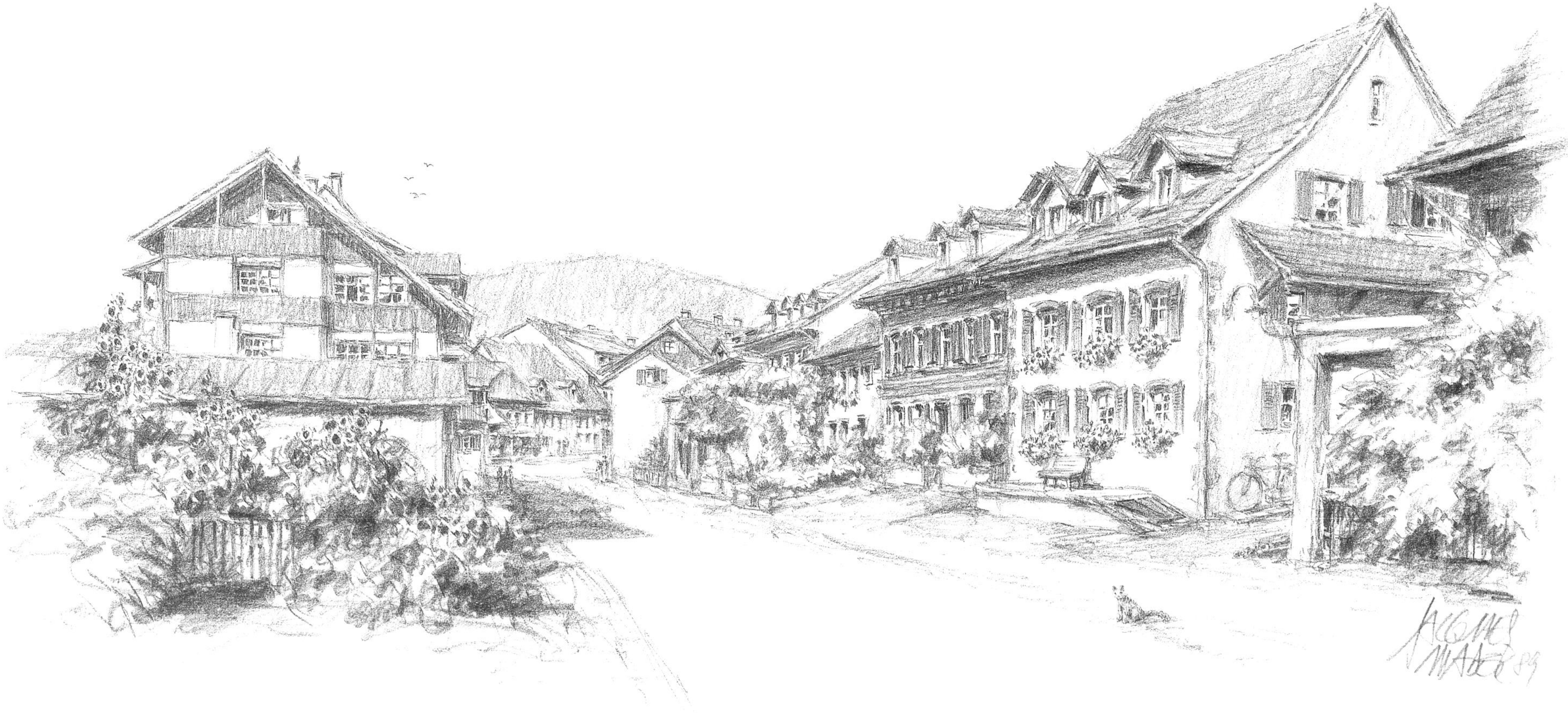

Rünenbergerbrücke

Die Rünenbergerbrücke (auf der Zeichnung im Vordergrund) wurde 1856 erbaut; ob damals schon als Steinbogenbrücke, ist nicht bekannt. Die Brücke hat aber eine Vorgängerin gehabt: 1680 verzeichnet Georg Friedrich Meyer am selben Standort bereits eine Brücke. Die Brücke aus dem 19. Jahrhundert ist Anfang der 1990er-Jahre den Bedürfnissen des modernen motorisierten Verkehrs angepasst worden. Der Kanton als deren Eigentümer legte grossen Wert darauf, dass das Bauwerk mitsamt den Wegbegrenzungssteinen soweit als möglich in seiner ursprünglichen Art erhalten wurde.

Die heutige Rünenbergerbrücke ist als dritte Eibachbrücke gebaut worden, nach dem Sirachesteg (1831) und dem offiziell als «Eibachbrücke» bekannten Übergang über den Bach kurz vor dessen Einmündung in die Ergolz (1850).

Links und rechts des Weges zur Kirche, am so genannten «Hinteren Chillerain», hat der Zeichner drei der ältesten Häuser des Dorfes im Bild festgehalten.

Es sind dies die Häuser Tecknauerstrasse Nr. 17 und 19 sowie das Haus Gansacherweg Nr. 2, das, so nimmt man an, älteste Steinhaus des Dorfes.

Auf der Fotografie ist links noch ein Teil des vor der Brücke angelegten Pärklis zu sehen und rechts vor allem das Haus Tecknauerstrasse Nr. 17, an dessen Scheunentor die Jahreszahl 1564 angebracht ist.

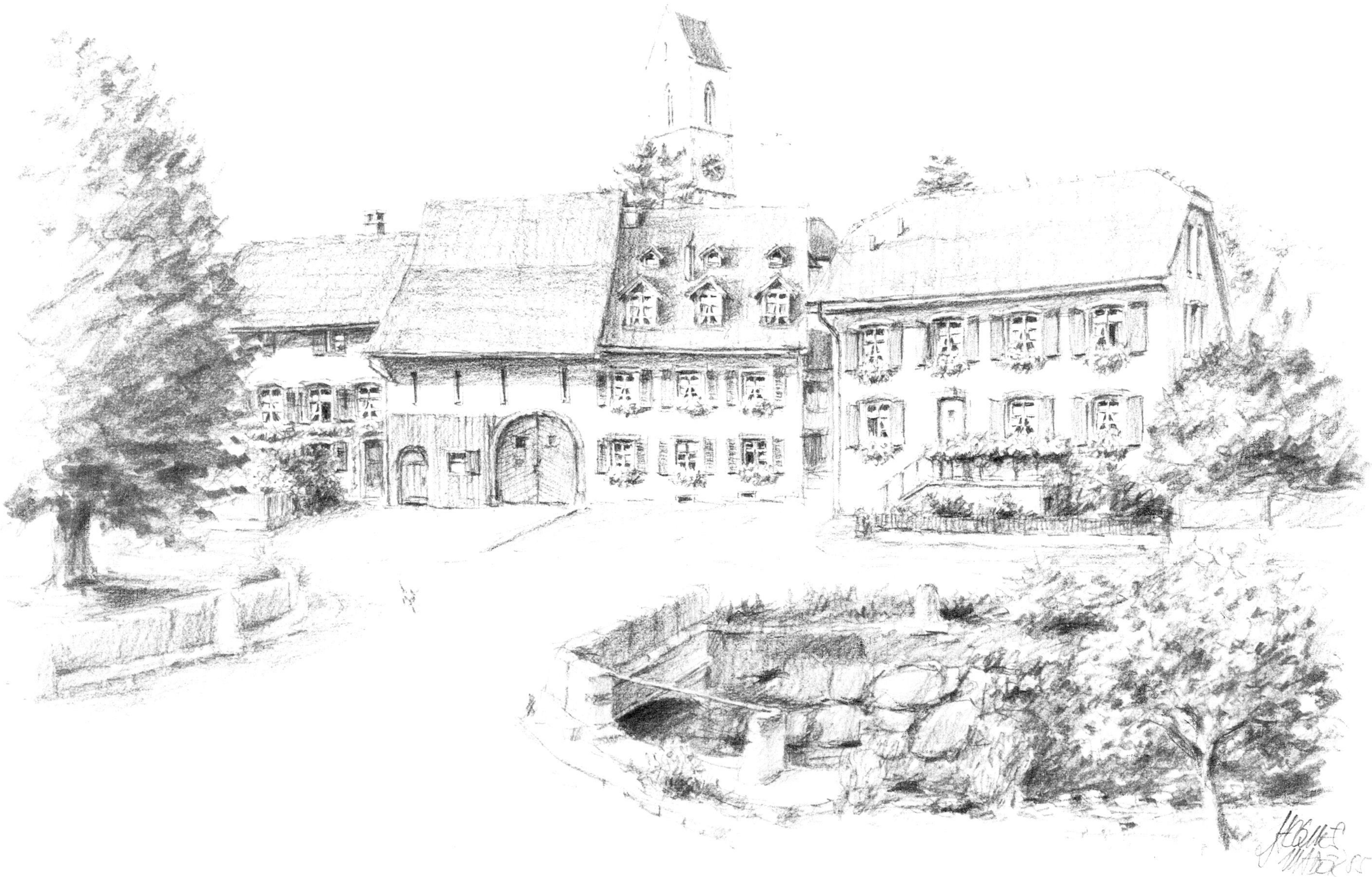

Hinterer Kirchrain

Vom ehemaligen Flur- und Wegnamen «Hinterer Chillerain» ist nur die Bezeichnung «Chillegässli» geblieben. Dieses führt vom Gansacherweg bis zur Kirche.

Das schöne alte zweigiebelige Baselbieter Bauernhaus ist im Adressverzeichnis der Gemeinde unter «Gansacherweg 3» zu finden. Im Volksmund heisst es aber «s Spyser-Sigrischte-Huus». Das Gebäude wurde vor einigen Jahren, kurz vor dem Zerfall, mit viel Fingerspitzengefühl renoviert und restauriert. Jacques Mader hat das Haus 1988 (nach der erfolgten Renovation) gezeichnet.

Im Hintergrund, links vom alles dominierenden Kirchturm, noch schwach angedeutet: das Unterrichts-Häuschen und das Pfarrhaus.

Fotografie von ungefähr 1900: «Gruss aus Gelterkinden».

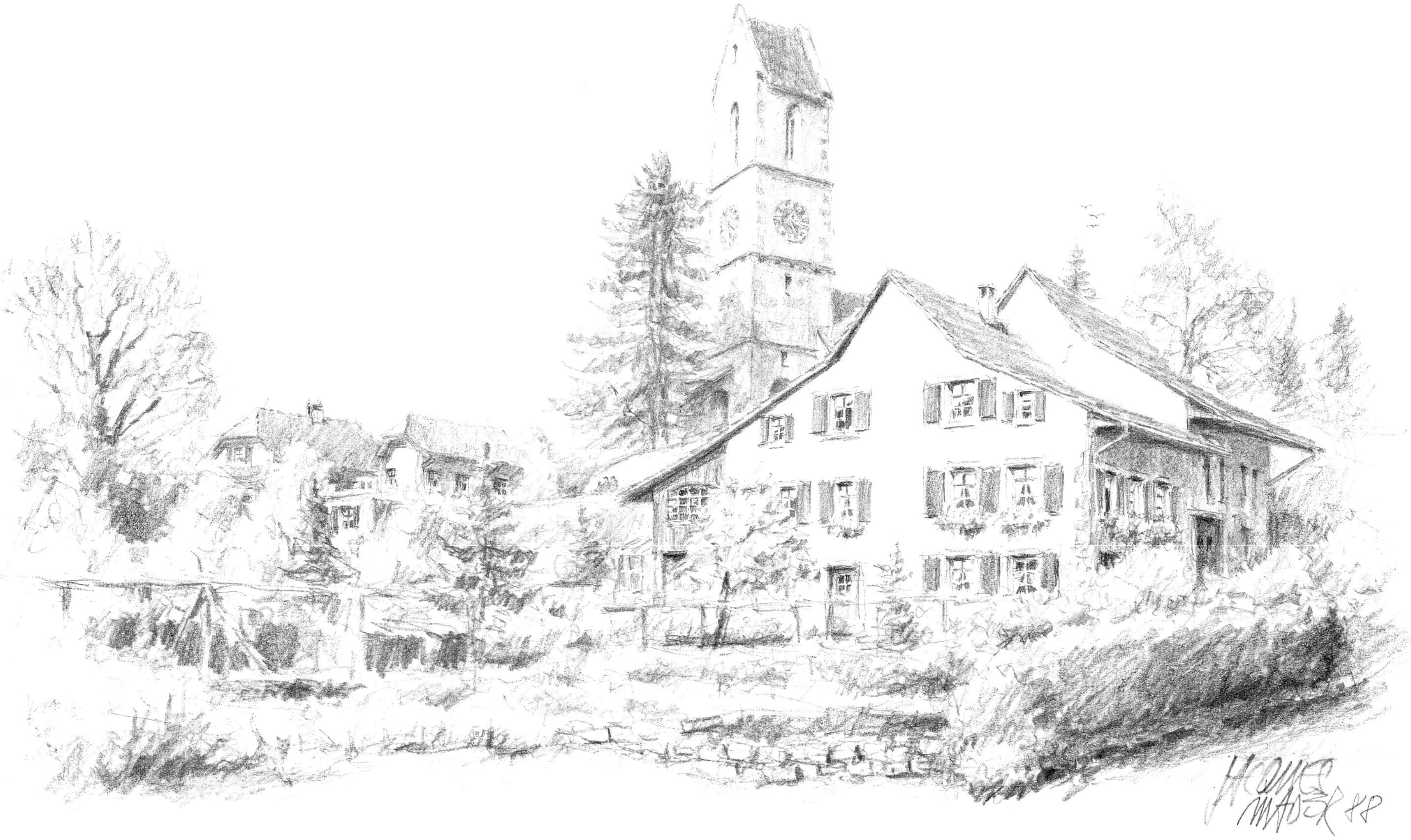

Jundt-Haus

Das 1855 erbaute Jundt-Haus steht am südöstlichen Rand der Dorfkernzone. Die Liegenschaft hat gegen dreissig Aren Umschwung und einen grossen alten Bauerngarten. Zudem befindet sich das Haus heute noch in seiner ursprünglichen Art und Form.

Im Herbst 1998 ist der letzte Eigentümer und Bewohner des Hauses (Hermann Jundt, geboren 1911) ledig und ohne nahe Verwandte gestorben. Er hat testamentarisch das Haus mit allem «Drumm und Draa» der Stiftung Ortssammlung Gelterkinden vermacht. Diese ist nun daran, zusammen mit der Gesellschaft für Museologie Schweiz ein den Intentionen des Testators und der beschenkten Stiftung entsprechendes Nutzungskonzept zu erarbeiten.

Die Fotografie dürfte vor ungefähr hundert Jahren entstanden sein. Eine aktuelle Aufnahme würde – mindestens bezüglich Haus und Garten – nur unwesentlich anders aussehen.

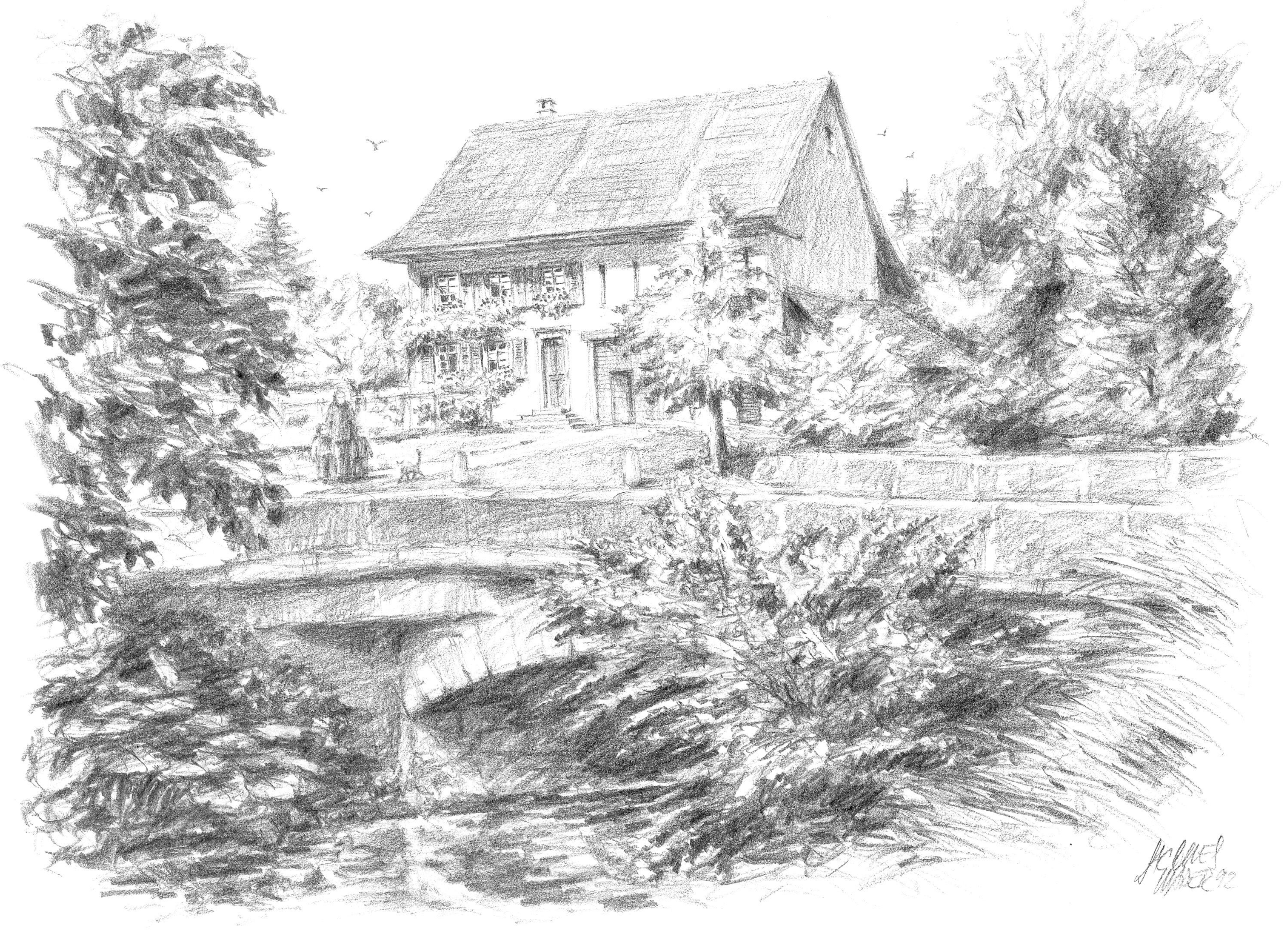

Strelgasse I

Diese Zeichnung – und die drei folgenden – sind «Strelgasse-Zeichnungen» von Jacques Mader. Als «Strelgass-Bueb» ist unser Köbi aufgewachsen. Es liegt deshalb auf der Hand, dass die Gasse vor dem Elternhaus und die versteckten Winkel und Ecken hinter dem Haus und «drumumme» immer wieder als Sujets für seine Zeichnungen herhalten mussten.

Auf der linken Seite des Bildes im Vordergrund das Eckhaus Strelgasse-Bachgasse. Anschliessend (sichtbar) «s Müller-Jörke-Huus», ein Gebäude mit einem noch vorhandenen dreiteiligen gotischen Fenster. Die rechte Seite der Gasse hat seit 1985, als die Zeichnung entstand, recht grosse Veränderungen erfahren.

Blick von der «Bergbrücke» Richtung Osten. Diese Fotografie ist 1942 für das damals geplante Denkmalschutz-Inventar entstanden. Zeichner und Fotograf haben ihre Sujets vom praktisch gleichen Standort aus gewählt.

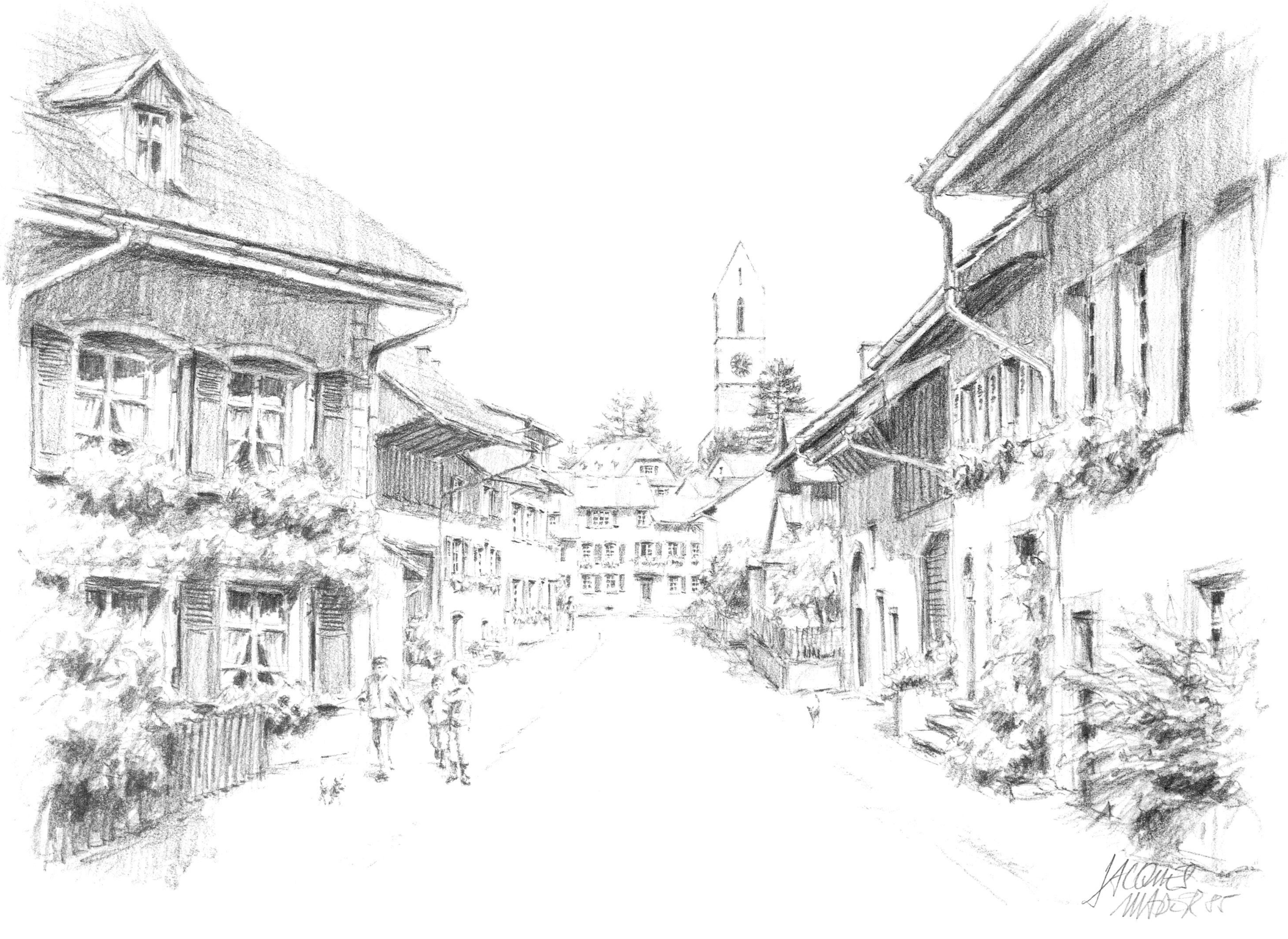

Strelgasse II

Ein Hinterhof, in dem unser Zeichner nach Herzenslust «gfätterle» konnte, in dem sich später «Räuber und Poli» spielen liess und in dem er – nochmals etwas später – auch träumen und ... zeichnen konnte. Und wer möchte hier an einem schönen und warmen Sommertag nicht auch unter einem Busch oder einem Baum liegen und träumen. Aber im Bereich dieser Hinterhöfe ist ja inzwischen das neue Gemeindezentrum mit dem treffenden Namen «Hof im Hof» entstanden. Und hier wird wohl nicht mehr geträumt werden dürfen!

Im Osten die Turmspitze des Turmes der reformierten Dorfkirche.

Ein Blick aus der Höhe des ehemaligen Brauerei-Gebäudes über die Dächer der Marktgasse-Häuser Richtung Kirche.

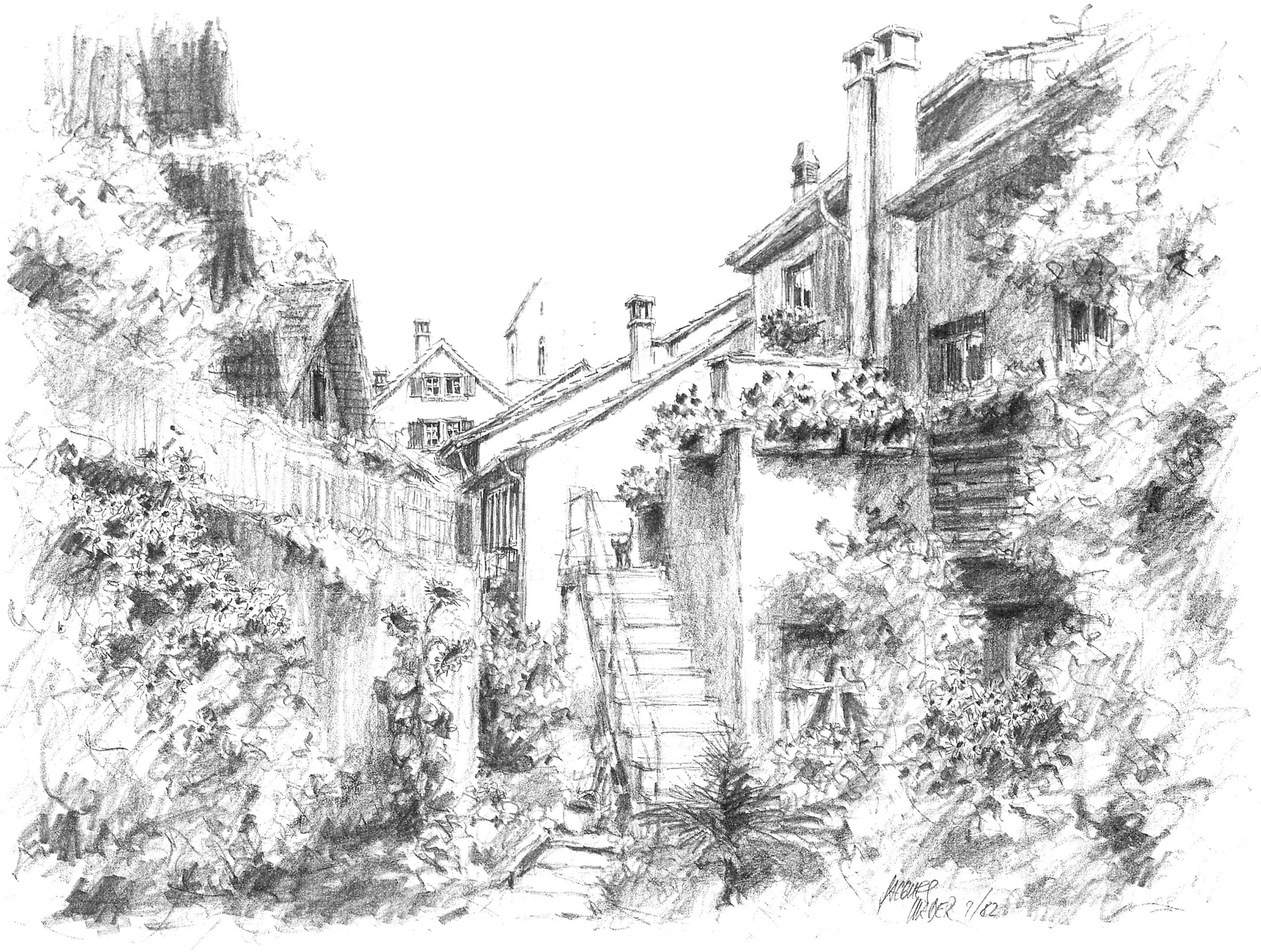
9/82

Strelgasse III

Die Zeichnung mit diesem Strelgasse-Sujet ist 1990 entstanden. Bereits sind die auf der Südseite der Gasse im Verlauf der vergangenen Jahre entstandenen Neu- und Umbauten zu sehen. Erfreulicherweise hat die Strelgasse aber ihren Charakter als Gasse weitgehend erhalten können.

Diese Fotografie von 1942 ist Bestandteil einer Dokumentation zu einem Entwurf für ein damals geplantes kommunales Denkmalschutz-Verzeichnis.

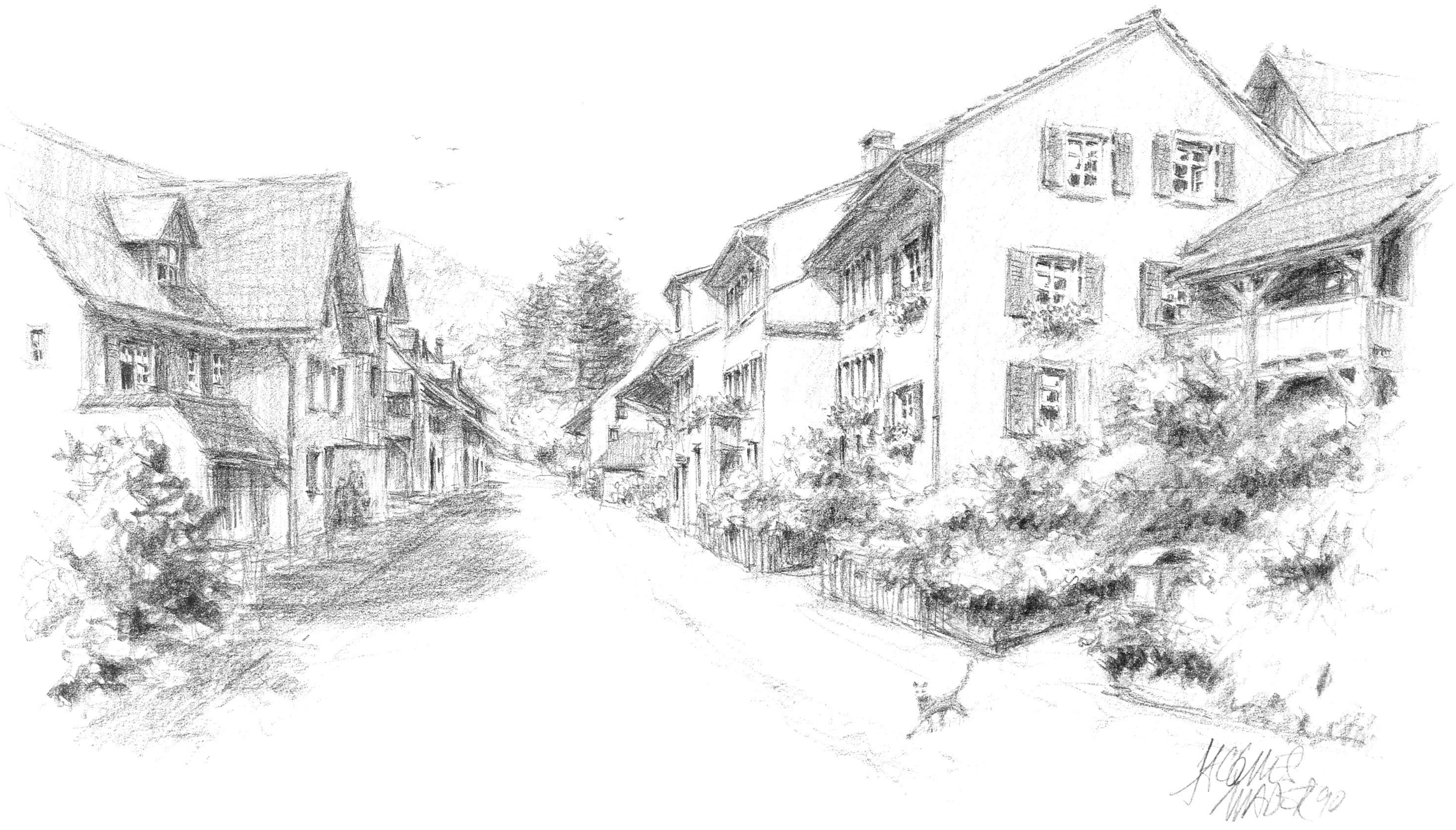

Strelgasse IV

Bevor wir die Strelgass-Sujets verlassen, nun doch noch etwas zu dem eher etwas sonderbaren Strassennamen: Strählgasse, Strehlgasse oder Strelgasse? Wer weiss, was richtig sein mag. Es handelt sich hier nämlich um einen (Strassen-) Namen, der bis heute unerklärt geblieben ist. Wie ersichtlich, haben wir uns für die Variante «Strelgasse» entschieden.

Ein Blick vom Elternhaus von Jacques Mader Richtung Westen. Wen wunderts, dass unser Zeichner diese Aussicht mit seinem Bleistift festgehalten hat.
Auch auf diesem Bild ein Kirchturm. Hier wohl aber eher ein Türmchen. Es ist der Blick auf das Wahrzeichen der evangelisch-methodistischen Kirche am Kapellenweg.

Auf der Zeichnung von 1982 sind rechts noch Teile der alten Gebäude der ehemaligen Gelterkinder Brauerei zu sehen. An ihrer Stelle befindet sich nun das Gemeindezentrum.

Fotografie von 1992. Es ist eine der letzten Aufnahmen von der Höhe des ehemaligen Brauerei-Gebäudes herab. Kurz darauf wurde die Braui abgebrochen. Etwas links, ausserhalb des Bildes, die Strelgasse. In der Mitte der Kapellenweg mit der Methodisten-Kapelle.

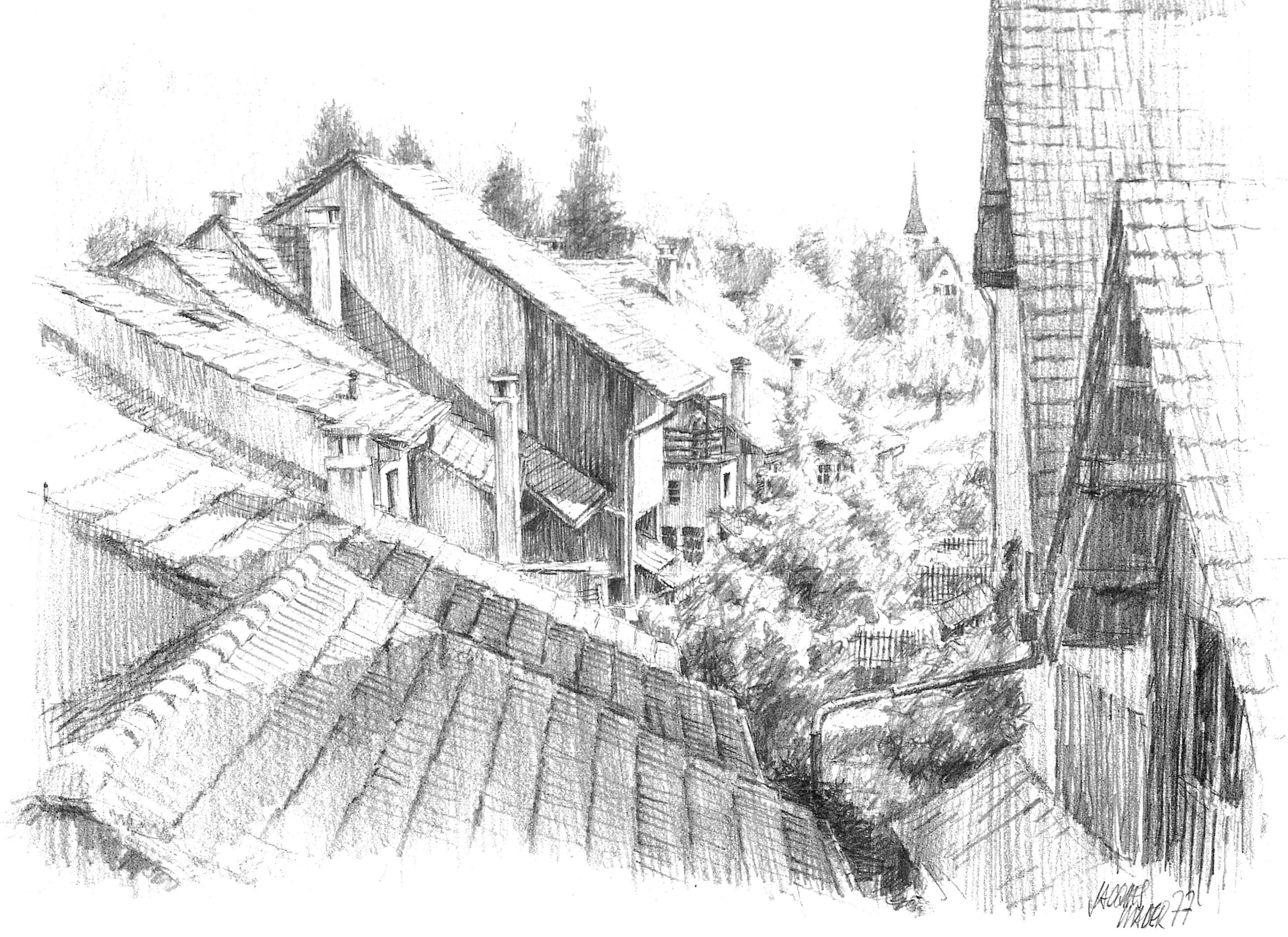

Marienkirche

Es war nahe liegend und verständlich, dass die katholischen Gemeindemitglieder, deren Zahl im Laufe der vergangenen hundert Jahre ständig gewachsen war, zu einer eigenen Kirche kommen wollten. Bis 1941 mussten die Katholiken von Gelterkinden und den umliegenden Gemeinden den Gottesdienst in Sissach besuchen. Nach langen Vorbereitungen und intensiver Sammeltätigkeit zur Beschaffung der erforderlichen Geldmittel war es dann 1956 so weit: Am 19. August konnte Bischof Franziskus von Streng zur Freude der Gemeinde und ihres ersten Pfarrherrn (Fridolin Beck) die neue Kirche einweihen. Das vom Gelterkinder Baumeister Carlo Tettoni entworfene und von einem Basler Architekten ausgearbeitete Projekt hatte die Kirche von Perlen (Luzern) als Vorbild. Die Baukosten beliefen sich auf siebenhunderttausend Franken.

Anno 1942 konnte die römisch-katholische Kirchgemeinde Gelterkinden vom Sissacher Weinhändler Emil Buess das Restaurant «Hofmatt» samt Umschwung erwerben. Auf dem Areal der «Hofmatt» sollte in den folgenden Jahren die Marienkirche entstehen.

Das Aquarell von Albert Zehntner-Sozin dürfte etwa 1930 entstanden sein. Darauf dargestellt ist der Vorgängerbau der katholischen Kirche.

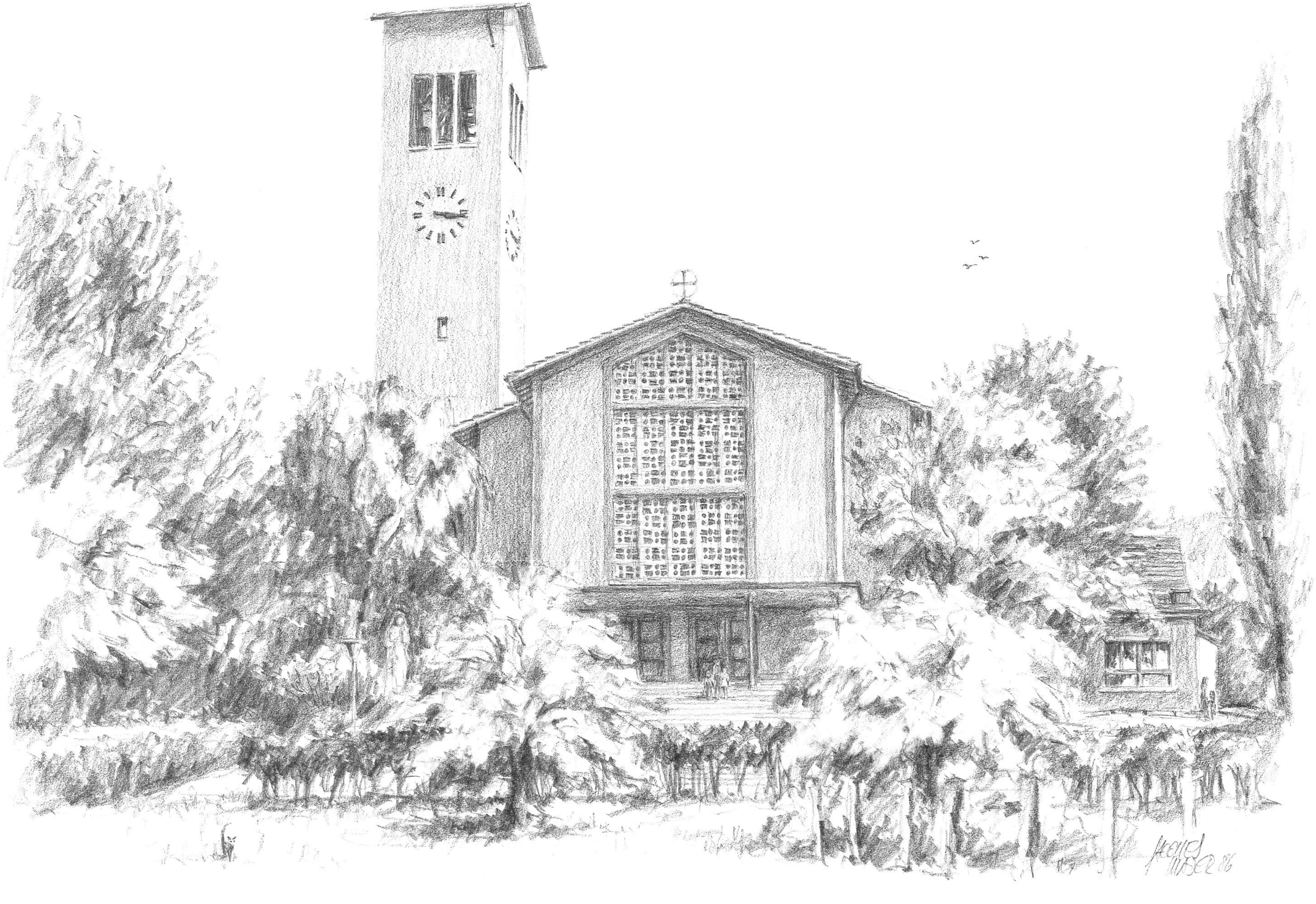

Eibach mit Sirachesteg

Diese Zeichnung entstand im Frühjahr 1992. Was lag damals näher, als nochmals einen Blick auf die Brauereigebäude mit ihrer rund 150-jährigen Geschichte zu werfen. Dies, weil deren Abbruch zu diesem Zeitpunkt bereits kurz bevorstand, um dem Neubau des Gemeindezentrums Platz zu machen.

Auf seiner Zeichnung wollte Jacques Mader offenbar unbedingt auch noch den «Sirache-Steg» festhalten; den Steg, der seinen Namen vom Haus Bachgasse 1, das früher einmal einem Bewohner namens Sirach gehört haben mag, erhalten hat. Bodenfunde weisen im Übrigen darauf hin, dass sich hier vor Zeiten bereits eine Furt durch den Eibach befunden haben muss.

«Gelterkinden – Partie bei der Gerberei», so ist diese alte Postkarte betitelt. Der Steg hatte damals noch kein Geländer. Das Sirachehuus ist aus dieser Perspektive nicht sichtbar. Auf der rechten Seite des Eibachs das «Hofma-Daniele-Huus», das man in den 60er Jahren des 20. Jahrhunderts – leider – abgebrochen hatte, um einem Neubau Platz zu machen.

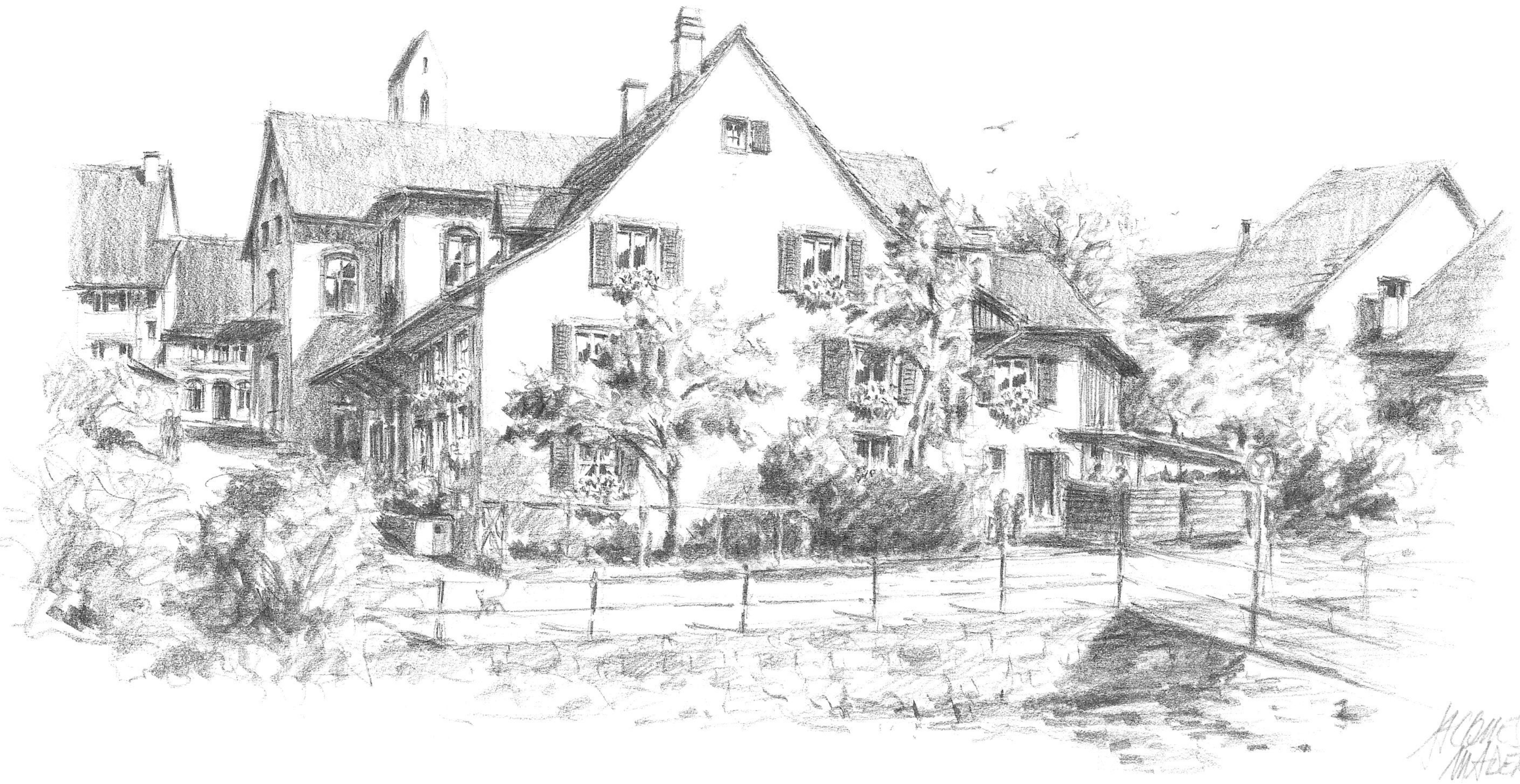

Eibach mit ehemaligen Gerbereibauten

«Bei der Gerberei» nennt Jacques Mader diese Zeichnung aus dem Jahr 1981. Von der (ehemaligen) Gerberei sind darauf vor allem sichtbar: das Haus, das unmittelbar am Eibach steht, sowie die beiden übereinander liegenden Holzstege, die die Fabrikationsgebäude auf der linken Seite des Baches mit den Büroräumlichkeiten, die sich auf der rechten Bachseite befanden, verbunden haben. Die Gelterkinder Gerberei musste ihren Betrieb 1989 einstellen. Dies, obschon sie seit ihrer Gründung im Jahr 1841 zu den wirtschaftlich bedeutendsten Gewerbebetrieben des Dorfes gehört hatte.

Das Wasser, das in einem Gerbereibetrieb reichlich vorhanden sein muss, wurde über ein Dyygli zugeleitet. Die Gärbidyygli-Brütschi ist am 19. August 1994 abgebrochen worden. Sie befand sich oberhalb des «Sirachesteg».

Fotografie von ca. 1990. Sicht von der Bützenenbrücke Eibach-aufwärts auf die beiden von Jacques Mader ebenfalls gezeichneten Holzstege.

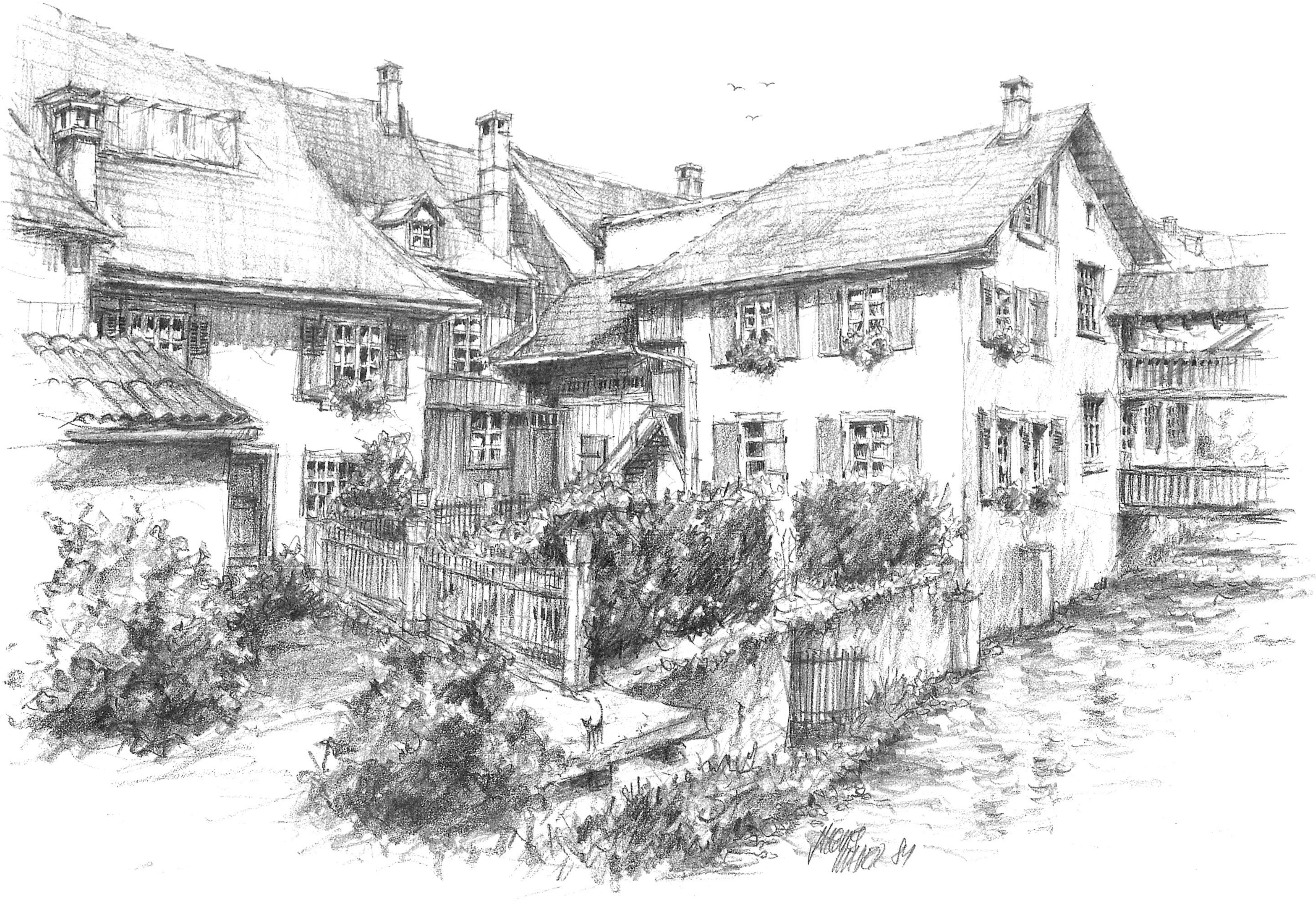

Eibach mit Rössligasse-Hinterhöfen

Jacques Mader hat vor allem die ehemalige «Chrüz-Schüüre» und das Haus, in dem sich die Wagnerei der Gebrüder Thommen, bekannt unter dem Namen «S Chrumbholze», auf seiner Zeichnung von 1983 festgehalten; und zwar «vo äne» am Eibach her gesehen.

An diesem Ort sind inzwischen Neubauten entstanden; Rössligasse Nr. 15 und Nr. 17. Seither ist das sympathische «Gnusch» von Schöpfli und Höfli an dieser Stelle unwiederbringlich verschwunden.

Auf der Postkarte von ca. 1915, betitelt «Gelterkinden – Rössligasse», ist noch ein Teil des Holzlagers der Chrumbholzschen Wagnerei und der zur Wirtschaft und Metzgerei von Arnold Rickenbacher-Ritter gehörenden Scheune (im Volksmund «d Chrüz-Schüüre» genannt) zu sehen.

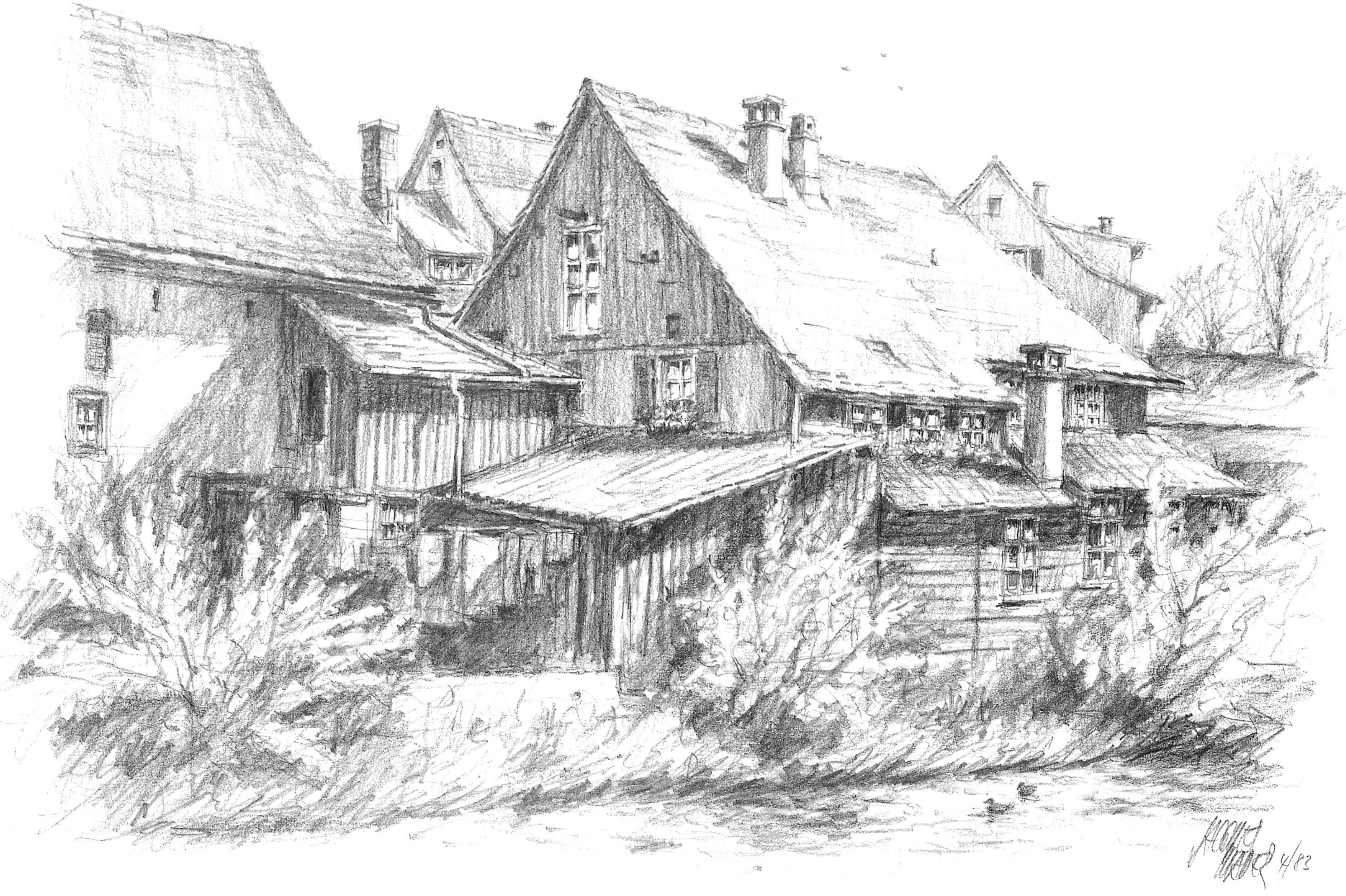
4/83

Ehemalige Bandfabrik «Seiler»

In der «Volksstimme» vom 31. Dezember 1975 war – als Text unter einem Bild, das eine zum Teil bereits abgebrochene Seiler-Fabrik zeigte – zu lesen: «Gelterkinden widerfährt eine Zäsur von historischem Ausmass, denn die alte Seidenbandfabrik muss einem Einkaufszentrum weichen.» Tatsächlich: Auf dem Areal, auf dem sich rund einhundertfünfzig Jahre lang eine Seidenbandweberei befunden hat, steht heute das «Allmend-Center».

Die Untere Fabrik wurde 1827 als Zettlerei gebaut. 1832 ist sie abgebrannt und ist sofort wieder aufgebaut worden, nun als «Gelbe Fabrik». 1848 wurde sie aufgestockt.
Natürlich ist die Fabrik 1832 nicht «einfach so» abgebrannt: Es war die Zeit der Kantonstrennung, und Gelterkinden – wohl nach dem Motto «wes Brot ich ess, des Lied ich sing» – hielt mehrheitlich zur Stadt. Die Gemeinden, die bereits den «Staat Basellandschaft» ausgerufen hatten, versuchten mit Waffengewalt, Gelterkinden «umzustimmen». In der Nacht vom 6. auf den 7. April ging – in die Geschichte eingegangen als «Gelterkinder Sturm» – nebst anderen Gebäuden auch die den verhassten Basler Seidenherren gehörende Fabrik in Flammen auf.

Die Fabrik, ebenfalls von der hinteren, südlichen Seite, mit dem Eingang in den Shedbau.

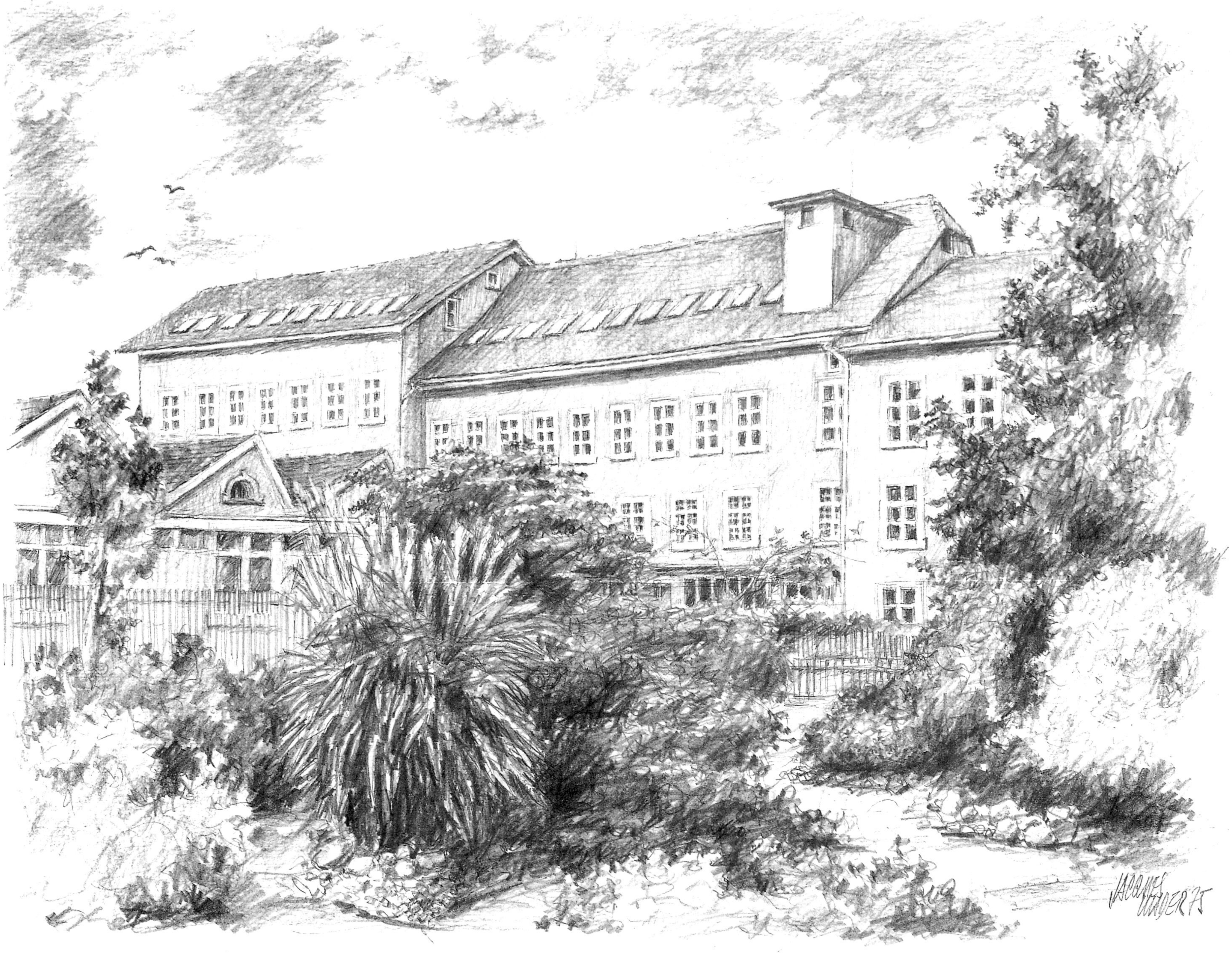

Ergolzstrasse

Die von Jacques Mader gezeichnete Häusergruppe steht heute an der mit «Ergolzstrasse» bezeichneten Dorfumfahrung. Vor dem Bau der direkten Strassenverbindung Böckten–Ormalingen befanden sich die beiden oberen Häuser an der Ormalingerstrasse und das untere an der Sägegasse, respektive am «Hinder Arsch», also im «Hinterteil» des Dorfes (in den heute noch die «Hinterdorfgasse» führt).

Das Haus im Vordergrund ist bis heute noch in seiner ursprünglichen Art und Form erhalten geblieben. In dem 1942 erstellten Entwurf zu einem Inventar der schützenswerten Gebäude des Dorfes ist die Liegenschaft Ergolzstrasse 25 ebenfalls enthalten. Originell und einmalig sind die Schnitzereien auf der Schmalseite der verschalten Laube im Obergeschoss. Zu sehen ist ein Schild mit ausgesägten Werkzeugen.

Fotografie von 1942 mit der Häuserzeile zwischen der ehemaligen Sägegasse und der Ormalingerstrasse.

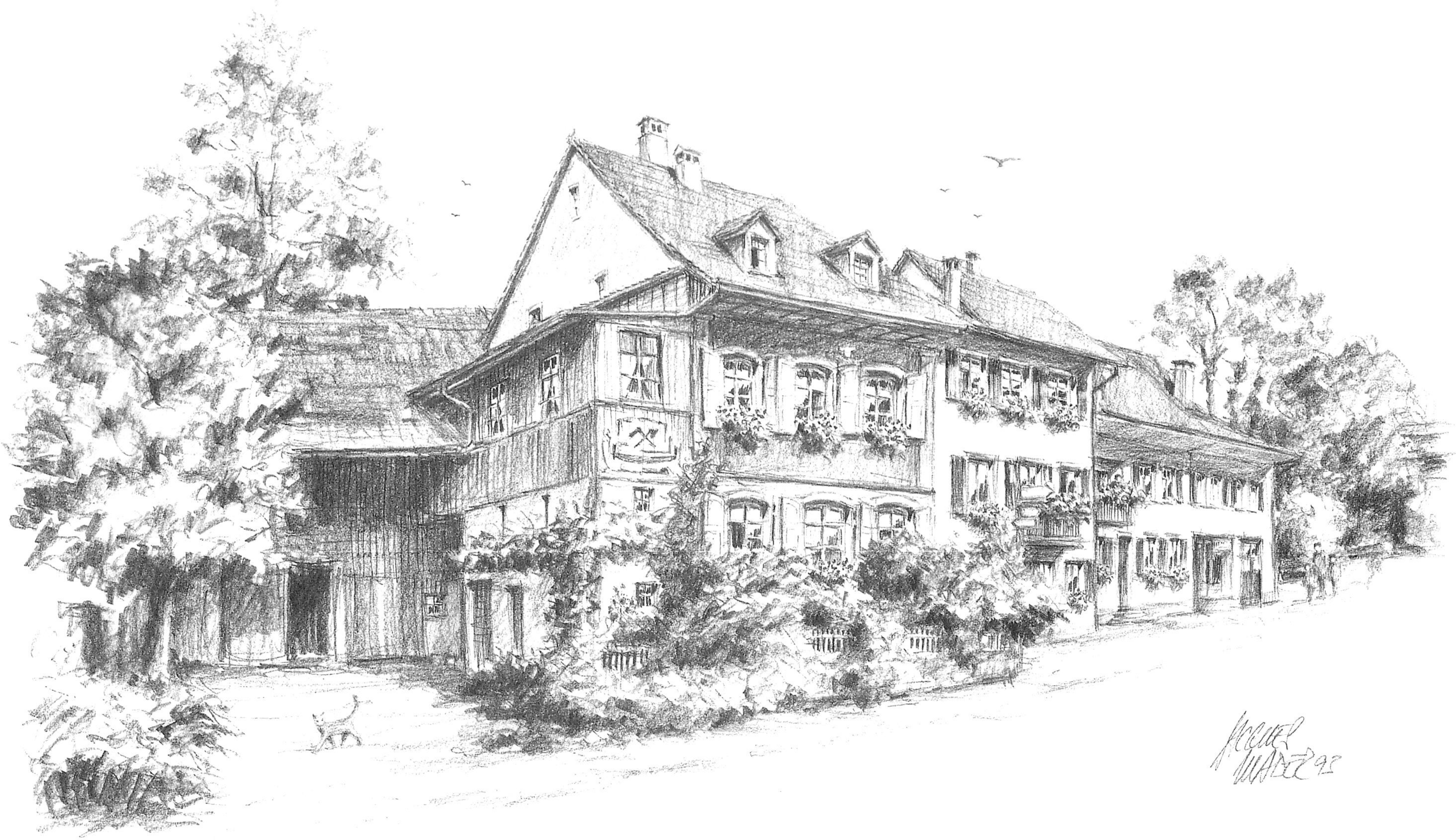

Mühlegasse I

Im Vordergrund links das ehemalige Restauraunt Bären und rechts eines der letzten noch bestehenden Bauernhäuser des Dorfes. Dessen Betrieb wurde allerdings bereits vor einigen Jahren auf den Hof «Flue» verlegt.

Bei der Mühlegasse handelt es sich um einen alten Dorfteil. Hier führte ein alter Weg nach Ormalingen. Geometer Georg Friedrich Meyer erwähnt in einer seiner um 1680 erstellten Skizzen am Beginn der Mühlegasse die «Ziegelhütte» und am östlichen Ende die «Obere Mühle».

Die Gelterkinder Ziegelhütte befand sich an der Stelle des heutigen Hauses Schulgasse 14 (auf der Zeichnung von Jacques Mader hinter dem «Bären» noch ein wenig sichtbar). Die Ziegelei oder Ziegelbrennerei wird erstmals 1460 erwähnt. Sie dürfte aber schon vorher betrieben worden sein. Am 4. Juli 1884 brannte die dreistöckige Ziegelhütte ab. «Am 5. Juli», so schreibt Karl Völlmin (1876–1962) in seinen Lebenserinnerungen lapidar, «hätte das Unternehmen konkursamtlich versteigert werden sollen.»

Auf der rechten Seite der Gasse – vom Zeichner aus gesehen – standen, eng beieinander, einige schmale Häuser, so genannte Taunerhäuser. Tauner besassen, im Gegensatz zu den Bauern, kaum eigenes Zugvieh und hatten wenig Land. Sie waren deshalb auf Lohnarbeit angewiesen. Einige dieser Liegenschaften haben mit der Zeit ihren ursprünglichen Charakter verloren, weil sie mit anderen zusammengelegt worden sind; nicht so das Haus Mühlegasse Nr. 12.

Auf der Fotografie die Mühlegasse mit Blick gegen das 1876 erbaute Schulhaus. Links im Bild, gut sichtbar, die schmalen Taunerhäuser.

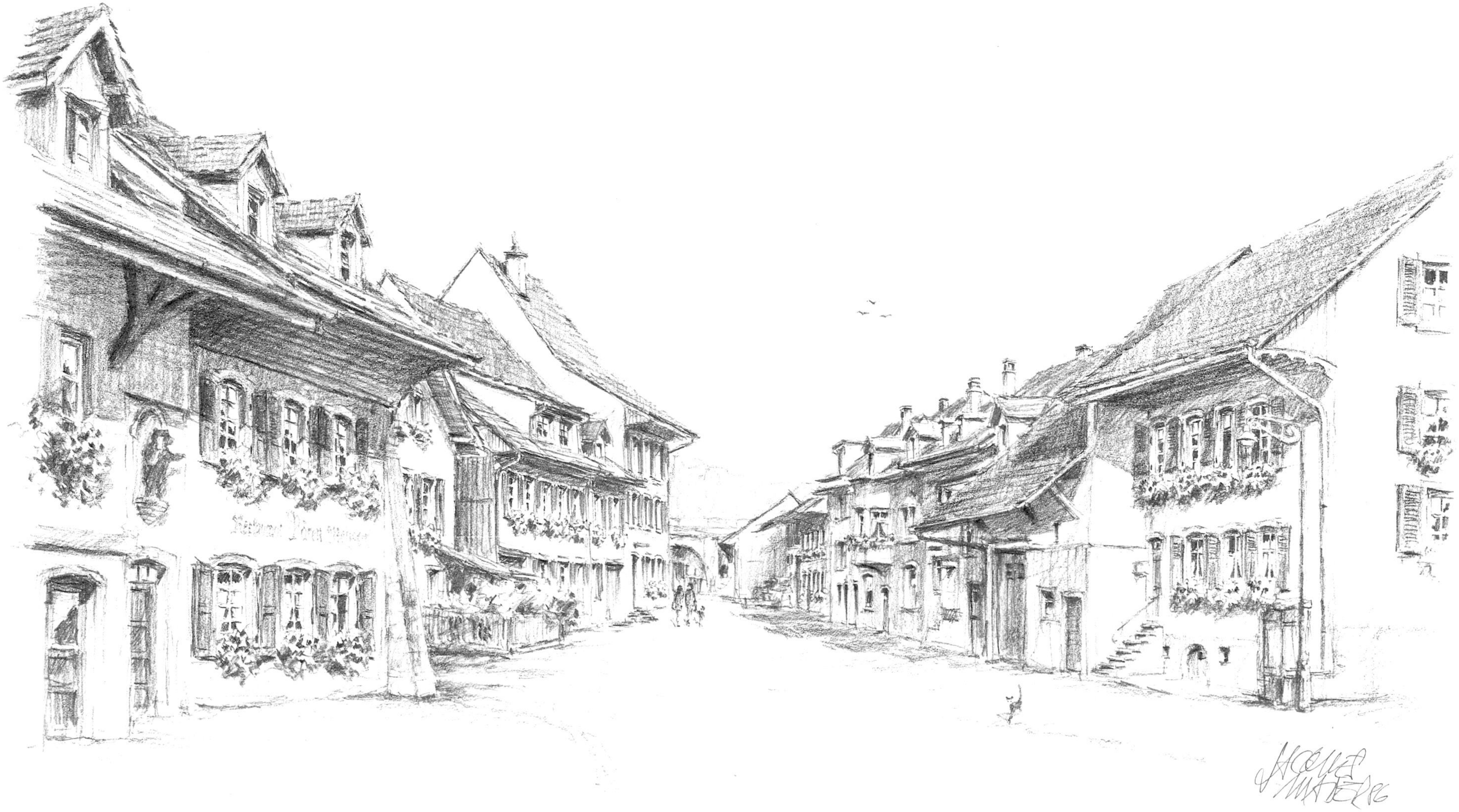

Mühlegasse II

Anno 1979, als diese Zeichnung entstand, war die Mühle offenbar noch in Betrieb. Mindestens bestand damals das Müüli-Dyygli noch (ein Mühlstein scheint hingegen schon ausgemustert worden zu sein).

Im Blickfeld des Bildes das grosse ehemalige Posamenterhaus, im Volksmund bekannt unter «s Strumpfers Huus» (ein Strumpfstricker wird Namensgeber dafür gewesen sein).

Im Hintergrund hat Jacques Mader noch das Dorfschulhaus von 1876 ins Bild genommen. Als 1954 die neuen Schulbauten in der Hofmatt bezogen werden konnten, hatte das Schulhaus an der Bonigasse ausgedient. Ab 1957 war dann darin die Gemeindeverwaltung untergebracht. Seit 1996 – Umzug der Verwaltung ins neue Gemeindezentrum – steht das Schulhaus praktisch leer.

Auch eine Fotografie, die für das 1942 geplante Inventar der schützenswerten Liegenschaften erstellt wurde. Imposant die Ostfassade des «Strumpfer-Hauses».

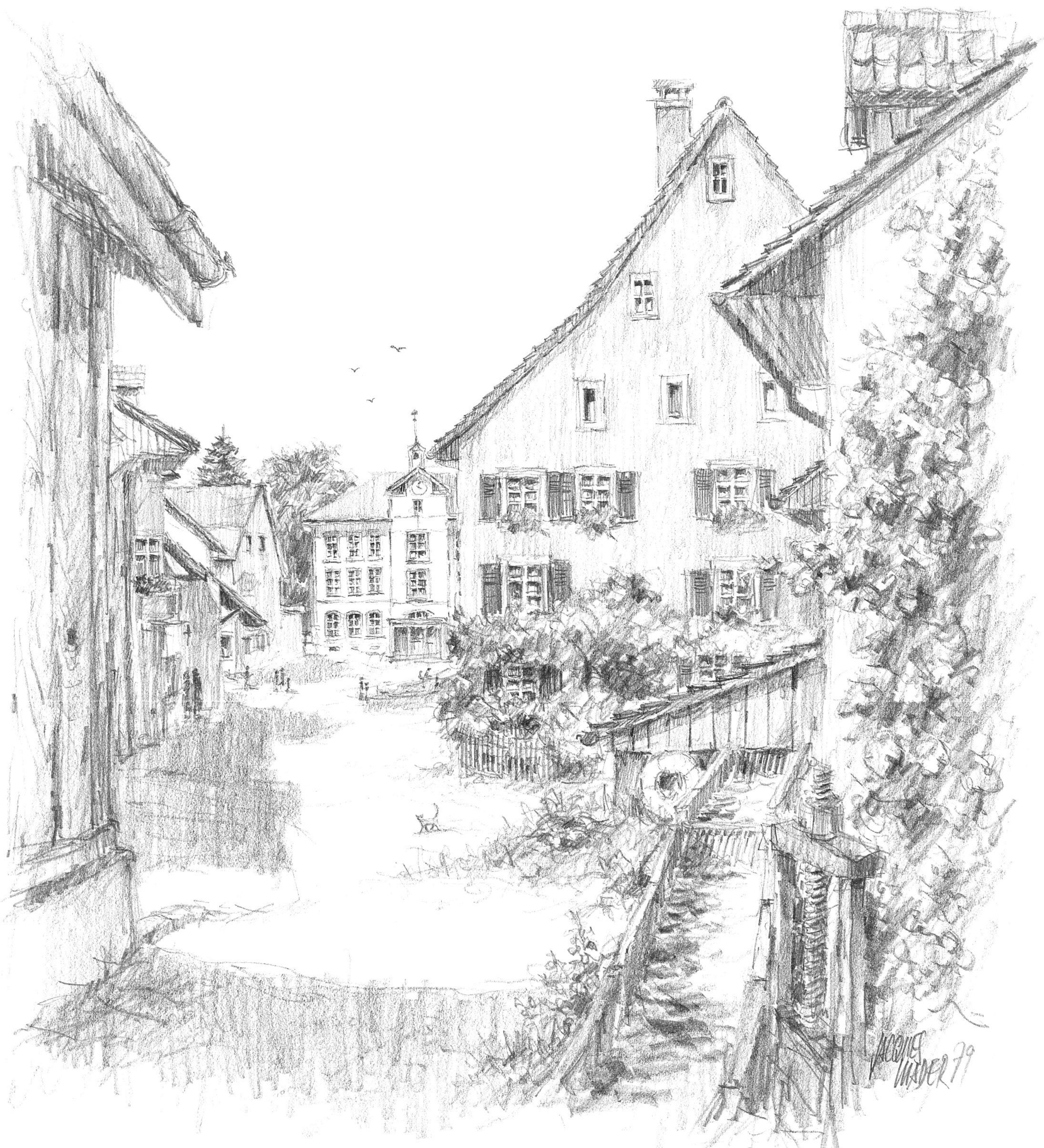

Zehntenwegli

Auf der Zeichnung von 1996 ist vor allem die Hinterseite des Hauses sichtbar, zu dem die ehemalige «Zehntenscheune» gehörte. Dann aber auch das nach dieser Scheune benannte «Zehntenwegli» (das Areal, auf dem des Zeichners Büsi steht, das uns so treuherzig anschaut).

Das Areal im Vordergrund der Zeichnung befindet sich gemäss Zonenplan der Gemeinde ausserhalb der Ortskernzone. Dank uneigennützigem Einsatz von privaten Anstössern konnte 1999 verhindert werden, dass die einmalige Sicht auf die harmonisch sich präsentierende Hinteransicht der Kirchrain-Häuser durch ein mehrstöckiges Wohnhaus verbaut wurde.

Das Zehntenwegli ist Bestandteil des seinerzeitigen Dorfetters, des Hages also, mit dem der überbaubare und bewohnte Teil des Dorfes umgeben war.

Das Wegareal befindet sich – wie die übrigen Teile der noch vorhandenen Dorfetterwege – zum grössten Teil im Eigentum der Einwohnergemeinde oder es bestehen dafür öffentlliche Durchgangsrechte.

Während Jacques Maders Zeichnung die Rückseite des Kirchrains mit Blick gegen Süden vom Fabrikweg hinauf zur Kirche zeigt, ist die Fotografie vom Kirchturm aus aufgenommen worden. Links Dächer von Kirchrain-Häusern; in der Mitte, unten, das später umgebaute und als «Tanneck» benannte Bauernhaus; im Hintergrund Mühlegasse, Sägegasse.

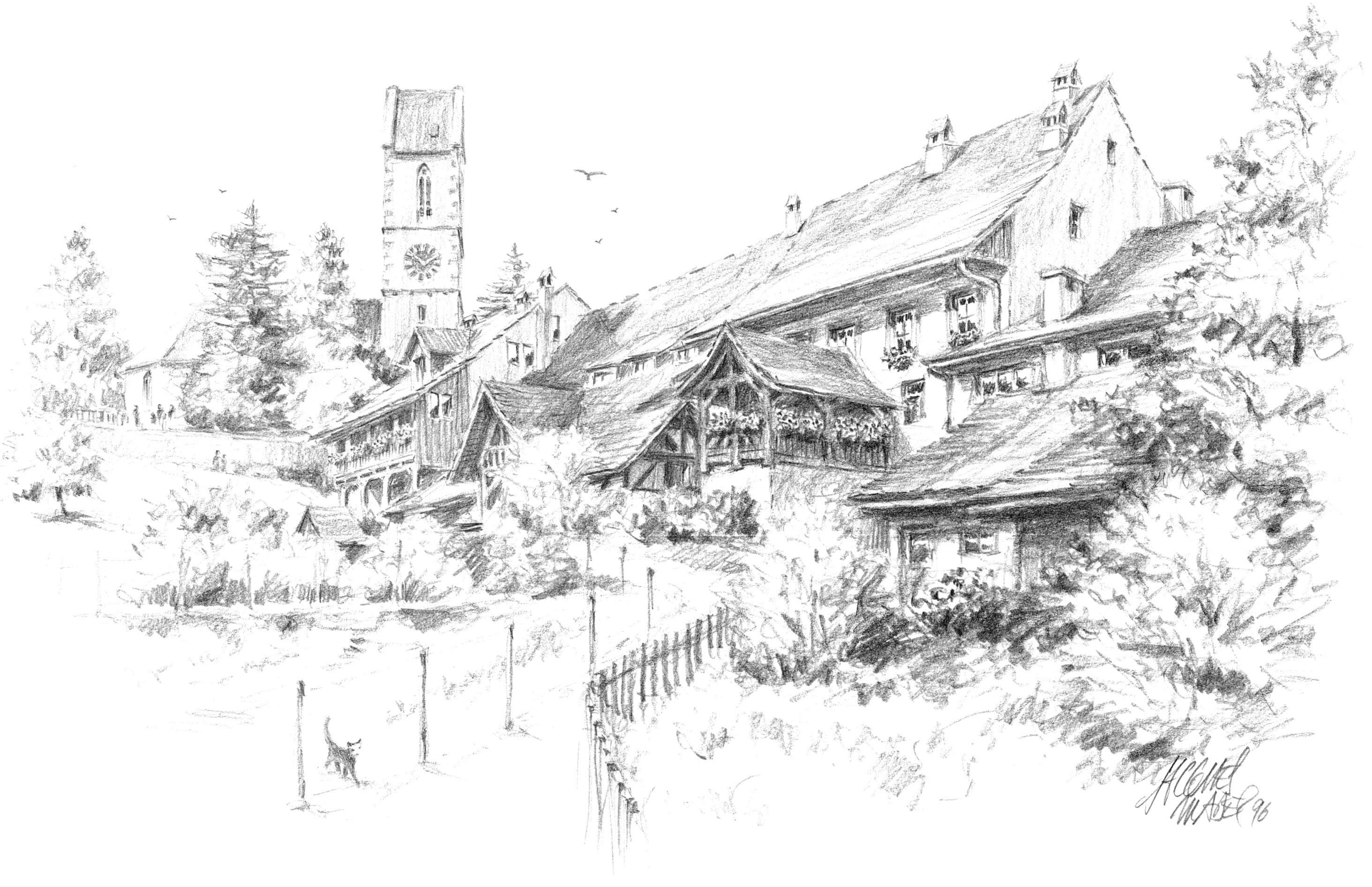